Max Beckmann
Leben in Berlin

SERIE PIPER
Band 325

Zu diesem Buch

In diesen frühen, spontan formulierten Tagebuchaufzeichnungen aus Berlin vermittelt Max Beckmann authentische Einblicke in seinen persönlichen Lebens- und Arbeitsbereich sowie in die gesellschaftliche und künstlerische Situation Berlins und der Moderne. Neben privaten Anlässen liefern künstlerische Probleme vielfältig Stoff zu knappen, oft kritisch-sarkastischen Notizen, wie sie sich später auch in Beckmanns Tagebüchern aus den Jahren 1940 – 1950 finden. Diese eher monologischen Notizen, Bemerkungen, Stichworte waren nicht für die Veröffentlichung bestimmt; sie erschließen heute die Welt des jungen Künstlers Max Beckmann und sind unentbehrlich zum Verständnis des Werkes.

Der Herausgeber Hans Kinkel hat mit großer Geduld die schwierige Handschrift übertragen und mit einem höchst informativen, für die 2. Ausgabe noch erweiterten Anmerkungs- und Bildteil dem Leser ein wichtiges Dokument zur Kunstgeschichte an die Hand gegeben.

Max Beckmann, geboren am 12. Februar 1884 in Leipzig, gestorben am 27. Dezember 1950 in New York; Kunstschule in Weimar von 1900 bis 1903; dann Reisen nach Paris, Amsterdam, Genf; 1906 Heirat mit Minna Tube; 1907 Ausstellung in Weimar; 1908 erste künstlerische Erfolge in Berlin. 1914 als freiwilliger Krankenpfleger nach Ostpreußen und Flandern; 1925 Scheidung und Heirat mit Mathilde von Kaulbach; Lehramt an der Städelschen Kunstschule in Frankfurt/M.; 1933 Entlassung aus dem Lehramt; Übersiedlung nach Berlin; Beckmanns Bilder werden aus deutschen Museen entfernt; 1937 Emigration nach Amsterdam.

1947 Übernahme eines Lehrauftrags an der Kunstschule der Washington University in St. Louis; zahlreiche Ausstellungen und großer Erfolg in Amerika; 1949 Beginn der Lehrtätigkeit an der Brooklyn Museum Art School, New York; 1950 Ehrendoktor der Washington University, St. Louis.

Max Beckmann

Leben in Berlin

Tagebuch 1908–1909

Kommentiert und herausgegeben von
Hans Kinkel

R. Piper & Co. Verlag
München Zürich

ISBN 3-492-00625-6
© R. Piper & Co. Verlag, München 1983
Umschlag: Disegno, unter Verwendung des Gemäldes
»Selbstbildnis« von Max Beckmann
Gesamtherstellung: Clausen & Bosse, Leck
Printed in Germany

26. Dezember 08. Sonnabend

Spät aufgestanden. Wollte dann arbeiten eventuell Selbstportrait. Es war auch schon alles im Gange als eine Depesche von Missis Roller kam, die sich und ihre Tochter für Sonntag anmeldete. Minkchen[1] und ich beratschlagten dann was zu thun sei, im warmen Atelier[2] vor dem zum Selbstportraitmalen aufgestellten Spiegel auf dem Sofa. Wobei mir die Idee zu einem großen Doppelselbstportrait kam[3].

Ich fuhr dann nach dem Essen in die Stadt um Missis für morgen abzusagen und für Sylvester einzuladen. Traf sie nicht zu Hause und schrieb ihr bei ihr einen Brief der das Notwendigste enthalten sollte. Währenddem kam sie und ihre Tochter. Es war sehr nett. Es ist so erstaunlich wenn man Menschen findet, die wirklich einmal ähnlich empfinden wie man selbst.

Dann war ich noch einen Augenblick im Café Mandel, traf dann auf der Bahn noch Molls die in die Stadt wollten und kam um 8 Uhr nach Haus, wo das liebe Mink schon das Abendbrot serviert hatte und alles sehr beruhigend und harmonisch auf meine aufgestachelten Nerven wirkte. Nach dem Abendbrot lasen wir jeder in seinem Exemplar von des Knaben Wunderhorn, das wir uns ohne zu wissen gegenseitig zu Weihnachten geschenkt haben.

Ich habe vorläufig noch kein so großes Verhältnis dazu, bis auf einige Sachen die stark auf mich wirkten bin ich noch nicht recht hinter den Reiz dieses Volkstons gekommen.

Bin dazu wohl zu sehr Maler und zu wenig Litterat.

27. Dez. Sonntag

Vormittags Röslers[4] von der Bahn geholt, kamen 3 Züge zu spät, so daß ich inzwischen 1 Glas Bier trinken und mich rasieren lassen konnte. Sahen dann Häuser in der neuen Kolonie an von denen Röslers sehr begeistert waren und vielleicht kaufen werden. Trafen auf dem Rückweg zum Mittagessen Schockens die von Tegel zu Fuß auch wegen Hauskaufs herübergekommen waren. Leider konnte ich sie nicht wegen Platz und Essmangel zu Tisch einladen doch versprachen sie Nachmittags zu kommen.

Zu Hause waren schon Buschchen, Anne-Marie, Martin und Tutti Jackstein. Vor dem Essen war noch große Bilderbesichtigung. Schocken (die dann nach d. Essen kamen) fand die Auferstehung[5] besonders schön, Frau Rösler hingegen nicht, aber die Sintfluth[6]. Tutti war für Auferstehung.

Sehr netter und belebter Tag. Schocken spielte Klavier Beethoven. Minkchen sang sehr schön. Dann mußten Frau Rösler und ihr zu Liebe Tutti Jackstein und bald darauf auch Tubes gehen so daß, da Minkchen und Frau Schocken beim Peter[7] waren, wir drei Maler Zeit hatten zu einem gründlichen Disput.

Ich betonte im Verhältnis zu Hans von Marées der momentan so sehr auf das Schild gehoben wird eine starke Individualisierung der Figuren und stellte aus dem Grunde Böcklin als künstlerisches Prinzip höher da er naiver und kraftvoller seine Figuren lebensfähig zu bilden verstünde während die Figuren bei Marées mir zusehr absichtliche Träger von Linien und Licht und Schatten darstellten, also zu abstrakt wären, mir wohl ein gewisses ästhetisches Wohlgefallen aber kein so unmittelbares individualisiertes Lebensgefühl abnötigten wie manche Intentionen von Böcklin[8]. Von Rubens und Rembrandt natürlich garnicht zu sprechen. Verglich Marées mit Stefan George. Beide nicht vulgär genug. Schocken und Rösler waren in gewisser Hinsicht meiner Meinung nur wollte Schocken noch einiges einwenden. Ich gebe selbstverständlich die Berechtigung dieser das heißt der Maréesschen Kunstgattung zu doch scheint sie mir eben einer speziell zu artistischen Kunstwelt anzugehören, die sich augenblicklich mit meiner ganz auch auf das gegenständlich individualisierte Leben gerichteten malerischen Lebensempfindung nicht verträgt.

Dann wurde unter noch weiterer Ausbreitung über dieses Thema Abendbrot gegessen wo ich dann endlich meine Idee mit der neuen Secession auspackte. Schocken und Rösler sehr reizend in der Angelegenheit. Sofort bereit mitzumachen besonders von Rösler sehr nett, da er doch eben seinen ersten Erfolg in der Secession hatte[9]. Erste Entwürfe zur Sache. Sehr in Erwägung gezogen ob dieses Jahr schon. Ich schlug die Ausstellungshalle am Zoologischen Garten vor.

Auch Minkchen für den Plan (der neuen Secession) was mich besonders freute.

Alle waren wir einig in dem Gefühl des Widerwillens und der Unmöglichkeit für die Entwicklung unserer deutschen Kunst bei dieser gänzlichen Herrschaft des kaufmännischen Interesses von Cassirer[10], bei seiner Indolenz und Blasiertheit. Morgen Nachmittag soll bei Schocken weiter darüber beraten werden. Vorläufig glaub ich noch nicht an eine Ausführung der Idee für dieses Jahr. Aber lange wird es nicht mehr dauern[11].

28. Dezember Montag

Sehr spät ½1 aufgestanden. Nach dem Mittag in blendender Kälte mit Minkchen zum Bahnhof gegangen. Wunderschönes klares Frostwetter. Minkchen drehte noch vor dem Bahnhof wegen Peter und Kälte um, sonst wäre sie mit zur Berathung gefahren. In der Bahn amüsierte mich ein kleines Mädchen, das trotzdem sie so warm wie nur möglich eingepackt in einem ganz warmen Coupé fuhr mit einer verzweifelten Unrast und unter dem größten Geschrei in einem fort erklärte: so kalt, es ist so kalt, und die komische bedauernswerte Verlegenheit und Geschäftigkeit ihrer Anverwandten die das ohrenbetäubende Geschrei zu dämpfen versuchten.

Bei Schockens empfing mich mein übliches ironisches Schicksal. Ich kam begeistert und vieler Pläne und Entwürfe voll an, sah schon erfreut daß Herr und Frau Rösler da waren (an ihren Hüten und Mänteln) eilte in's Zimmer und mit besonders liebenswürdigem Lächeln empfängt mich unter den andern auch die sehr nette liebenswürdige Mutter von Frau Schocken. Natürlich durfte nun nichts über das Geheimnis der Verschwörung verlautet werden. Um meine Nervosität etwas abzuleiten und auch weil es nötig war schleppte ich noch rasch die Gummischuh, die Frl. Hitz Minkchen geborgt hatte zu ihr. Sie selbst war nicht zu Haus. Nachdem ich wieder zu Schockens zurückgekehrt war machte sich denn auch bald die Gelegenheit zur Berathung zu der ich auch Frau Rösler nötigte, die aus einer furchtbar liebenswürdigen Mischung von Stolz und Bescheidenheit glaubte daß die Beratung nur von Männern geführt werden sollte, sie sich also keinesfalls aufdrängen wollte. Daß Frau Schocken dann dabei war ist ja selbstverständlich.

Sehr viel Neues ergab das Gerede nicht. Ich machte nur mit Freude die Beobachtung, daß sich in diesen netten Menschen seit der gestrigen ersten Begeisterung nichts geändert hatte in ihrer Stimmung. Besonders angenehm empfand ich Rösler der doch eigentlich sehr wenig positiven Grund hat mit der Secession unzufrieden zu sein, da er doch erst in der letzten Ausstellung durch die Secession einen relativ großen Erfolg hatte und sein größtes Bild verkaufte[12]. Er und ich gingen dann noch nach den Ausstellungshallen am Zoo, wo wir dann die freudige Überraschung hatten zu hören daß der Mietpreis für einen Monat cirka 15000 M kostete.

Das zog uns etwas gewaltsam wieder auf den traurigen Boden der Realität. Die Aussicht ein auch nur für 2 Monate selbständiges richtiges Ausstellungslokal zu haben schwand sofort bis auf ein Minimum zusammen, das darin bestand, einen so edlen Geldmann zu finden. Im Café wo ich vorübergehend noch Spiro[13] sprach, versuchten wir uns dann gegenseitig wieder Mut einzuflößen.

Kam dann gegen 9 Uhr nach Haus, wo mich Minkchen mit einer netten Dankdepesche und einem Brief von Goyer empfing in der er mich frug wo und wann die Hypothek von 4000 M. ausgezahlt würde. Da ich durch Richard über diese Auszahlung nicht genug informiert war hatte ich es gänzlich vergessen und die Stimmung der Sorge wo so schnell das Geld hernehmen erhöhte nicht gerade die andere wegen des unmöglich gemachten Projekt's mit der neuen Secession.

29. Dezember Dienstag

Richard teilte mir mit daß Grethe die Hypothek hergeben würde. 1 Uhr 25 holten wir Fräulein Erlenmeyer ab, die bis 5 hier war. Sehr netter liebenswürdiger Mensch, leider ohne allgemeine Cultur. Nur im Speziellen interessiert. Brachten sie dann zur Bahn. Darauf Besuch bei Landauers[14]. Erst Frau Landauer allein. Sehr nette Frau. Dispute mit ihr über Drama und Lyrik. Dann kam Landauer. Wir sprachen auch mit ihm über Rudolf Klein[15], er war wenn auch freundschaftlich gemildert der allgemein abfälligen Ansicht über ihn – Snob Affe etc. Ich verteidigte ihn darauf hin.

Landauer gefällt mir vorläufig sehr, habe auch noch nichts von seinem verschwommenen Idealismus den man ihm nachsagt bemerken können. Bin neugierig wann wir einmal auf sein Steckenpferd, die stille Anarchie, Revolution etc kommen werden[16].

Briefe bekommen von Nauen, der mich bat ihm einen Besuchstag angeben zu wollen, von Mistres Roller die leider für Donnerstag absagen mußte da krank, vom Käufer von Lump ein Entschuldigungschreiben daß er nicht gekauft, von Arthur Stein ein Neujahrswunsch. Von Landauer seine Novellen geschenkt erhalten und Mombert und sein Buch Revolution geborgt[17].

30. Dezember 08

Morgens bei Grethe wegen der Hypothek, auf dem Wege zu Tubes bei Röslers wegen Nachmittagsbesuch bei Tuch. Mittag bei Buschchen Martin Anne-Marie und Tante Mariechen. Rösler holte mich ab, wir fanden leider Tuch nicht zu Haus, nur seine Frau sein Kind und ein angefangenes Bild von ihm was mir in der Dunkelheit etwas Gauguinsch und Hodlersch vorkam. Was aber nichts sagen soll da es zu dunkel war um etwas genaueres darüber zu urteilen. Dann mit Rösler Café, wo sich leider telephonisch herausstellte, daß keine Neujahrszüge gingen also Röslers schon um 12 Uhr vom hiesigen Bahnhof weg mußten. Worauf denn auch diese letzte Verabredung für Sylvester in's Wasser fiel. Dann gingen wir zu Schockens. Er war leider auch nicht zu Haus so daß wir uns erst einige Zeitlang mit Frau Sch. unterhielten. Sie war also die erste von der

Familie die die betrübliche Nachricht von den 15.000 M für die Ausstellungshalle erhielt. Dann erzählte sie daß sie Dienstag abend bei der Dora Hitz[18] waren. Es war sehr komisch für mich zu hören daß meine geliebte Freundin ziemlich energisch (vielleicht nur aus einem Instinkt heraus) gegen meine Revolutionsideen Propaganda gemacht hatte, manchmal sogar mit einigen nicht gerade schmeichelhaften Ausdrücken über meine Jugend, Selbstüberschätzung ect etc. während sie mir persönlich nicht unverständliche Ausdrücke über meine gottähnliche Künstlerschaft machte.

Natürlich auch Schockens gegenüber immer noch Ausdrücke der Anerkennung und des regsten Interesses.

Minkchen meinte nicht unrichtig, daß sie wohl auch etwas Eifersucht auf den ihrem Einfluß etc. zu sehr entzogenen Schocken zu diesen nicht ganz mit ihrer Ansicht sich vertragenden Ideen gebracht hätte. Es ist so schade, daß man so wenigen Menschen ganz vertrauen kann. Am nächsten außer meiner Frau scheint mir momentan Rösler vertrauenswert zu sein. Wir wollen sehen wie lange.

Rösler mußte dann gehen, ich besorgte inzwischen einen Rahmen und telephonierte an das halbeingefrorene Minkchen ins Hermsdorf und aß bei Schockens zu Abend. Disput mit Schocken über die Struktur der Malerei als allerschärfstes Mittel für die Kritik, etwas was er gern unter die absolute Impression stellen wollte, ich in gewisser Beziehung darüber. Die Struktur das ist die Handschrift des Bildes, wie der Strich hingesetzt ist oder wie die anderen darüber gesetzt sind enthält für mich die allgemeinste Definition des ehrlichen nicht ganz ehrlichen oder überhaupt unwahren Künstlers. Ehrlich ist in diesem Sinne mit Kraft und Können, mit der absolut sinnlichsten Empfindung in der Malerei zu identifizieren[19].

Kam dann um ½ 11 nach Haus. Wo alles ziemlich durchgefroren war. Wir hatten 16 Grad Kälte. Das arme Minkchen hatte einen sehr von Peter verschrienen Tag gehabt und brauchte ich erst einige Mühe sie wieder aufzutauen und einzustimmen. Dann war es aber doch sehr nett.

31. Dez. 08 Donnerstag

Den ganzen Morgen mit Heizen beschäftigt, da der Ofen sich gerade in diesem geeigneten 18 Grad kältigen Augenblick zum wohlverdienten Ruhestand setzen wollte. Gegen 4 Uhr Nachmittags erreichte ich endlich meine Absicht daß er bullerte. Dann gingen wir in's Dorf um Punsch etc. für heute Abend einzukaufen, unterwegs machte Minkchen auf mein Drängen Landauers zu uns zum Abend zu bitten den Vorschlag sie lieber zu einer Schlittenpartie einzuladen. Es wurde dann auch gemacht. Landauer empfing uns in einem furchtbar gemütlichen grünseidenen Schlafrock, auch seine sehr netten kleinen Mädels Gudula und Brigitte, die vor allem von der Partie sein sollten. Sie waren erfreut und gern bereit. Auch lernten wir den Bruder von Frau Landauer kennen, einen sehr nett aussehenden sehr stillen Musiker (Sänger). Merkwürdiger Mensch, als ich nachdem wir von der Partie zurück waren noch etwas mit bei Landauers war und wir uns unterhielten sagte er gar nichts, nur gab er immer (ich konnte ihn nicht sehen wenn ich mit Landauer sprach) merkwürdig leise zischende Töne von sich, die wie das Mundgeräusch eines Taubstummen oder Irren klangen. Mir war das peinlich. Landauers bemerkten es nicht, wenigstens nicht officiell und wenn ich dann nach ihm hinsehen konnte, machte er ein so gleichgültig halb abwesend halb interessiertes Gesicht, daß ich nicht wußte woran ich war. Unsere Partie war hauptsächlich kalt über Weidmannslust Tegel nach unserem Haus wo wir Mink absetzen nach Landauers zurück. Schöne Schneestimmungen mit viel Zigarettenrauchen und Krachmandelessen. Bei Landauers sehr ernsthaft über Lyrik und Drama genölt, auch erkleckliches über meine Kunst. Zu Haus war es dann angenehm warm Minkchen vergnügt und bereits wieder ausgewärmt.

Bei Tisch versuchten wir den mitgebrachten Punsch gingen aber (wenigstens ich) sehr schnell zum Bier über. Ich las dann noch in den Zeitungen weiteres über das schreckliche Unglück in Messina, wobei mir bei der Beschreibung eines Arztes und zwar bei der Stelle wo halbnackte losgelassene Sträflinge in dem furchtbaren Getümmel über andere Menschen und ihr Eigentum herfallen die Idee zu einem neuen Bilde[20]. Machte dann während Minkchen den Jungen besorgte den Entwurf dazu. Bin neugierig was daraus wird. Vorläufig interessiert mich die Sache sehr[21].

Nun ist es ½ 12 Uhr. In einer ½ Stunde ist das Jahr zu Ende. Wir konstatierten vorhin, daß uns das Jahr 1908 viel innerlich Gutes und das Bübchen gebracht hat. Äußerlich dagegen weniger. Mißverstehen und unnötige Feindschaft. Hingegen wieder 2 wertvolle Freunde Schockens und Röslers. Die Dora Hitz mit Einschränkung.

Wenn nur alle Jahre so sind daß sie uns so viel glücklicher und mich in meiner Malerei so viel reicher machen wie dieses dann wollen wir mit dem Dasein ganz zufrieden sein. *Prost Neujahr!*[22]

Freitag 1. Januar 1909

Wenn der erste Tag im Jahre für alle folgenden symbolisch sein sollte so würde das Resultat des Jahres 1909 Frieren und höchst unbehaglich, dann den ganzen Nachmittag vergeblich auf Nauen gewartet, also wieder Warten ohne

Erfüllung. Dann erste Klavierstunde bei Mink gehabt. Gemütliches Abendbrot (Minkchen d. Sauerkraut weggegessen). Abends Bilderbücher angesehen. Dann als Mink dem Jungen die Flasche gab Kunstgespräche. Neue Begeisterung für mein Erdbebenbild. Dann zu Bett.

Sonnabend 2. Januar 09

Nachmittags bei Buschchen wegen dem Petroleumofen herleihen. Annemarie war da. Dann bei Schocken. Röslers kamen und Rösler brachte die Kunde von 2 neuen Ausstellungsmöglichkeiten. Dann kam noch ein Herr Dr. Meier und Frau. Viel unnötiges und skeptisches Zeug geredet um durch Paradoxien den etwas beengenden Einfluß der neuen Bekanntschaft und des damit verbundenen Schweigegebotes über die Revolutionspläne zu überwinden. Bevor ich noch zu Buschchen ging im Café noch den ersten Teil des spanischen Tagebuchs von Meier-Graefe[23] gelesen. Mich geärgert, daß der Enthusiasmus den er über Greco entwickelt, verschwendet wird, anstatt daß er seine Augen aufmacht um in meinen Bildern dasselbe aber für uns moderne Menschen noch Wesentlichere zu finden ohne die ewige ästhetische Faxerei.

Überhaupt ob es nicht richtiger wäre diesen intelligenten Seelenclown einzufangen und für meine Zwecke zu verwerten[24]. Dann noch den Rahmen zum Erdbeben bestellt.

Sonntag d. 3. Januar

Mit Minkchen bei Schockens Tuchs und Röslers. Alle 3 Paare zu Haus getroffen.

Mit allen Revolutionsideen besprochen. Abgeschwächte Stimmung.
Tuch nicht abgeneigt verlangt aber Garantien, der Affe.
Glaube aber doch daß er gegebenen Falls mitmachen würde.
Bei Röslers war es sehr nett. Ausgezeichnete Leberwurst und Gänsebrust. Dann nach dem Revolutionsthema Gespräche über Kunst. Beide Rösler sind gegen die Auferstehung. Sie noch mehr wie er. Sie findet sie schmutzig und conventionell. Er teilweise genialisch aber zusammengestückt und teilweise auch conventionell. Schade. Sonst aber wirklich furchtbar nette Menschen. Nachher auch noch Sekt bekommen.

Montag 4. Januar

Des Morgens an Meier Gr. geschrieben ob er sich meine Bilder ansehen will.
Nachmittags Landauers bei uns. Sie sahen sich meine Bilder an. Angenehm war ihre Art sich die Sachen anzusehen, langsam und intensiv und ihr Urteil nicht unsympathisch. Beim Kaffee brachte ich ihn dann auf seinen Socialismus. Seine Theorie erscheint mir wie ich schon erwartet habe zu idealistisch nicht genug mit dem banalen Durchschnitt gerechnet, sondern nur immer an Ausnahmemenschen gedacht. Vielleicht in kleinem Format durchführbar wie Minkchen meinte bei den Herrenhutern etc. keinesfalls aber in größerem Maßstab.
Dann Mink und ich schönen Spaziergang durch den lauen Abend gemacht. Es ist plötzlich wieder warm geworden, die Schneestraßen sind Matschstraßen geworden. Aber es zieht schon wie die ersten Frühlingswinde durch die Straßen. Schön war es diese allerersten Vorboten des

Frühlings wenn sich die langen dünnen schwarzen Bäume in den großen Pfützen spiegeln am dämmernden Abend und der warme Wind über das teilweise mit Schnee bedeckte Feld führt.

Abends Brief von Tuch der uns einen dummen Verdacht erweckte, als ob er trotz seines gestrigen Versprechens doch schon bei Kolbe[25] gewesen und mit ihm Rücksprache genommen hätte. Da er erstens mit besonderer Sicherheit betonte daß er glaube Kolbe mache *nicht* mit und zweitens merkwürdiger Weise genau dasselbe Briefpapier hatte wie Kolbe.

Na es kann aber trotzdem ein Irrtum sein.

Dienstag 5. 1. 09

Mit den ersten Post Nachricht von Meier-Gr. daß er morgen kommen will. Sehr liebenswürdig. Nachmittags in die Stadt zu Schockens. Er hat die Idee einen gewissen Vogtländer als Unternehmer für den zu gründenden Kunstsalon zu gewinnen. Mittels der Dora Hitz.

Rösler kam dann, wir gingen etwas spazieren und nur einen Augenblick in's Café, wo ich Spiro traf der sich mit seiner Frau für Montag anmeldete.

Manches mit Sch. u. R. benölt. Wir kommen zu keinem andern Resultat als einen Geldmann zu finden den wir beeinflussen können. Bald nach Haus. Etwas nervös und angeekelt vor dem morgigen Kritikerbesuch. So etwas müßte einem eigentlich gleichgültiger sein.

Unterwegs nach Berlin fuhr ich mit Landauer zusammen. Langweilig.

Mittwoch 6. 1. 09

Meier-Graefe war da. Ich holte ihn wegen des schwierigen Weges aus Berlin. Lernte bei ihm noch einen Dr. Grautoff kennen. Unterwegs Kunstgeschwätz. Behauptete meinen ablehnenden Standpunkt wegen Marées ihm gegenüber, wegen seiner zu ästhetischen Abgesondertheit vom Leben im Gegensatz zu Rembrandt Tintoretto und auch Greco. Bewies ihm auch meine geringere Hochachtung vor Delacroix im Verhältnis zu Rubens und Rembrandt, was er auch anerkennen mußte, er schob es dann auf das geringere Zeitalter, was mir natürlich egal sein kann, ebenso weil er vielen französischen Künstlern gute Wege gezeigt hatte. Viel Grecolärm von Meier was mir nichts Neues war. Dann meine Bilder. Es war ein komisches Gemisch von Baffsein Bewunderung Tadel und anderen Sachen. Redete auch da noch viel von Greco. Am einwandfreisten fand er die Sintfluth am interessantesten die Auferstehung und manche andere kleinere Sache. War alles in allem nicht uninteressant. Schade daß er eben auch nur litterarisch empfindet auch im Stil, sonst könnte er nicht ein Bild von Schocken was in unserem Eßzimmer hängt für eins von mir ansehen, er fand es allerdings nicht gut aber unser Stil ist doch so brüllend verschieden, daß er das hätte bemerken sollen. Nachmittags fuhren wir mit der 57 zu Buschen. Sie freute sich sehr ihre durch die Kälte verlorene Tochter endlich einmal wiederzusehen. Auch war Tante Mariechen da.

Abends dann bei der Gräfin Hagen[26] mit Kellermann Holitscher Herr und Frau von Bülow Frau und Fräulein Lessing Herr und Frau Schocken und Gerda Schröder.

Hasenbraten und Sekt. Wie wir nachträglich erfuhren Geburtstag der Gräfin. Manches ganz belebte nach manchem Glas Sekt. Ich hatte ziemlich viel getrunken. Holitscher erzählte mir, daß er im Begriff stände sein Verhältnis zu Cassirer zu lösen. Schocken als Jude griff Holitscher an der als Jude in eine zu selbstgefällige Beschreibung der culturellen Vorzüge seines Stammes verfiel. Es war fein wie Schocken ein viel freieres und echteres Selbstbewußtsein bewies als Holitscher der mit seinem künstlich forcierten Stammesbewußtsein kläglich abfiel. Kellermann der neben ihm auf einem hohen Strohstuhl saß ärgerte ihn auch indem er immer von Zeit zu Zeit wenn Holitscher gerade mit höchstem Enthusiasmus irgend einen besonderen Vorzug entdeckt hatte, ihm laut in die Ohren brüllte »Quatsch...... Quatsch.« Und das immer stereotyp wiederholte was sehr komisch wirkte.

Herr von Bülow, den ich schon aus Weimar kenne und seit 5 Jahren zum ersten Male wiedersah noch als Referendar (er ist jetzt Maler) war sehr dick geworden, trägt eine originelle Brille und ist verheiratet. Er saß dick und merkwürdig verändert gemütlich herum, während er früher eins der frechsten verlottertsten Cochons war, die man sich denken konnte. »Ganz neu« war auch Fräulein Lessing, eine lustige sympathische Dame mit ganz viel Charme und netter Bescheidenheit. Viel Sekt und sehr viel Hasenbraten.

Donnerstag d. 7. 1. 09

Spät aufgestanden à cause de Sekt. Dann Nachmittags zum Salon Cassirer wo ich mich mit Schocken traf. Bilder von Matisse und Berneis. Die Matisseschen Bilder mißfielen mir höchlichst. Eine unverschämte Frechheit nach der andern[27].

Warum machen die Leute nicht einfach überhaupt Zigarettenplakate[28] sagte ich zu Schocken der ganz meiner Ansicht war. Merkwürdig, daß sich diese doch sonst so intel-

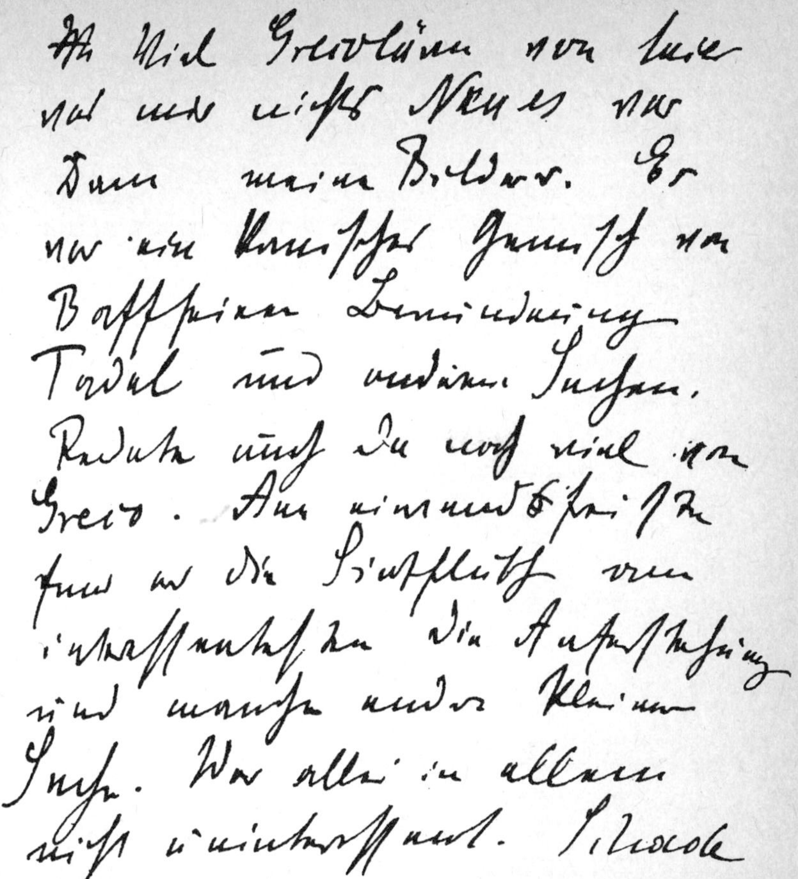

Tagebuchseite vom 6. 1. 1909

ligenten Franzosen nicht sagen können daß nach der Vereinfachung der van Goghs und Gauguins wieder zur Vielfältigkeit zurückgekehrt werden muß. Über die beiden hinaus giebt es keinen Weg im Gegenteil mit dem was sie errungen haben muß man wieder zurückgehen und von einer älteren Station einen neuen Weg suchen. Auch die Bilder von dem deutschen Juden Berneis waren leider nur talentvolle Unpersönlichkeiten. Gewollte Corinths und gerade etwas schlechtere Slevogts. Einige ganz gute Portraits die Slevogt kaum besser macht. Leider kommt B. nur zu spät.

Dann brachte ich Schocken noch ein Stück er mußte zu seinen Eltern. Ging dann in die freie Ausstellung von Baluschek[29].

Schade der Kerl hat so famose Einfälle. Es ist zu dumm daß er gar keinen malerischen Styl hat, er arbeitet wie ein farbiger Photograph. Aber wie gesagt. Da war ein Garten aus einer Blindenanstalt in dem die Armen meist Mädchen darin spazieren gingen und ein Bild aus dem Garten eines Berliner Vorstadttanzlokals in einer Mondnacht. Im Hintergrund das hell erleuchtete Tanzlokal, im vom fahlen blaugrauvioletten Mondlicht beleuchteten Garten an das Staket gelehnt ein Mädchen das den Kopf hinten übergeworfen hat, man hört ihr atemloses Keuchen. Ganz im Vordergrund noch ein häßliches banales Mädchengesicht mit dem Taschentuch am Mund. Beide offenbar um aus der Hitze und Gedränge drinnen im Lokal hier draußen etwas Luft zu schöpfen. Im Hintergrund im alles auflösenden Mondlicht ein Liebespaar. Dies atemlose Erhitzen müde getanzter Mädchen in dem Garten und im Hintergrund das helle Lokal sind tief empfunden. Wäre es etwas temperamentvoller gemalt so wäre das ganze ein Bild wie aus van Goghscher Empfindungswelt. Schade daß der Kerl so ein malerischer Spießer ist.

Dann beim Notar wo Grethe die Hypothek auf ihren Namen umschreiben ließ. In meinem bisherigen Gläubiger ein Prachtexemplar des scheußlichsten, übelsten Berliner Spießers kennen gelernt. Im übrigen langweilige Prozedur. Angeödet zu Schocken in's Café Fürstenhof. Sehr deprimierte Stimmung. Der alberne Besuch Meier Grecos und der Kater von dem gestrigen Sekt lasteten auf meiner Seele. Kam in trüber Stimmung zu Hause an. Düstere Zukunftsbilder. Nirgends Verständnis bei Leuten die Einfluß auf den Werdegang der Malerei haben und daher wenig Aussicht auf Verdienst. Verminderte Vermögensverhältnisse. Fester Vorsatz sich um nichts mehr was sich um Propaganda neue Secession etc. handelt zu kümmern. Keinen Menschen mehr aufzusuchen von dem man nicht innig verlangt. Uns nur noch an Schockens Röslers und Gräfin Hagen im Verkehr halten und die Kunst möglichst innig weiter zu lieben in dem nicht tot zu kriegenden Glauben daß man von ihr wieder geliebt wird.

Wenn ich eines Tages merken sollte, daß sie mir untreu wäre, dann ging es mir schlecht glaub ich.

Freitag 8. 1. 09

Ich thue fast nicht's wie Tagebuch führen. Muß sagen freue mich schrecklich nächste Woche wieder anfangen können zu arbeiten. Man wird brummig und mißgestimmt und ist etwas aufgeschmissen.

Wir wollten einen schönen Spaziergang machen Mink und ich aber pünktlich um ½3 erschien Nauen[30] auf der Bildfläche. Bilderbesehen. Er war ziemlich begeistert. Fand gerade das Gegenteil von M-Graefe in Bezug auf die Auferstehung, die Menge hinten sehr suggestiv und notwendig in ihrer etwas unklaren Wirkung. Fand dafür die vorderen beiden Akte zu kraftlos im Verhältnis zu den andern. Aber sonst wunderschön etc. Sintflut natürlich restlos begeistert. Auch viele kleine Sachen. War lange hier bis ½ 10. Vieles geredet und bemerkt daß er doch ein netter scheint ehrlicher und ganz tief empfindender Mensch ist. Wollen uns öfter sehen. Brachte ihn mit Lump zur Bahn.

Sonnabend d. 9. 1. 09

Morgens als ich noch im Bett lag telephonierte Dora Hitz an um einen von uns zu dem Kammerkonzert von Lampe einzuladen. Ich sagte zu da Mink noch in die Secession wollte die morgen geschlossen wird. Wir fuhren dann schon des Morgens gegen 12 los. Zuerst in die Chinesische Ausstellung. Manches Schöne in ihr. Ein paar Mädchen ein paar Tiere und ein paar Landschaften von einer merkwürdigen orientalischen Mystik. Ich ärgerte mich über das vorurteilslose Bewundern der Leute und dachte dann mit welcher Anmaßung und Frechheit sie zeitgenössische Sachen kritisieren ohne auch nur einen Deut mehr von diesen Sachen zu verstehen als von den modernen – Dann fand ich auch doch, daß das Chinesische mir zu ästhetisch wäre, zu zart, wie die Dora Hitz ganz richtig sagte feminin. Ich fand es auch trotz der manchmal grotesken und schauerlichen Stücke. Auch zu dekorativ, ich wünsche stärkere räumliche Betonung. Kurz ich bin einmal wieder zu einseitig um diese zweifellos rasend cultivierte hochstehende Kunst genügend genießen zu können. Mein Herz schlägt mehr nach einer roheren gewöhnlicheren vulgäreren Kunst, die nicht verträumte Märchenstimmungen lebt zwischen Poesien, sondern dem Furchtbaren, Gemeinen, Großartigen, Gewöhnlichen Grotesk-banalen im Leben direkten Eingang gewährt. Eine Kunst die uns im Realsten des Lebens immer unmittelbar gegenwärtig sein kann[31].

Dann bei Schulte um die Bilder des Herrn von Bülow zu besehen der zu diesem Zweck sich auch dort versammelt hatte. Noch unreif nicht talentlos. Schwankt noch zwischen einer Routine die Unsicherheit verbirgt, zwischen scherzhaften Gegenständlichkeiten und tieferer Kunst oder Stylgefühl. Man muß noch abwarten.

Dann bei Buschen mit Martin und Mink Mittag gegessen. Politik. Martin meint es giebt Krieg. Russland England Frankreich gegen Deutschland. Wir wurden einig daß es für unsere heutige ziemlich demoralisierte Kultur garnicht schlecht wäre, wenn die Instinkte und Triebe alle wieder mal an ein Interesse gefesselt würden[32].

Dann Dora Hitz. Sie ließ mir bei meinem ersten Besuch durch das Mädchen erklären daß sie sich um eine Stunde mit dem Anfang des Concerts geirrt hätte noch nicht frisiert wäre und ob ich nicht noch einen Gang zu machen hätte oder lieber so lange warten wollte. Ich verließ indigniert das Lokal und ging zu Schockens wo ich freundlich aufgenommen wurde mit Kaffee getränkt und durch den Anblick von Schockens neustem Bilde nackte Frauen am Strand interessiert wurde. Das Bild kann unter Umständen was werden.

Dann mit D. H. im Auto in's Konzert. Trafen dort L. v. Hofmann, lernte seine Frau kennen. Übliche schöne Sphinx aber etwas spießig. Auch Frau Bohme entgingen wir nicht, da sie neben uns saß. Wieder große Auseinandersetzung wegen der Besuche. Ich erklärte noch einmal, daß wir aus Prinzipiengründen Gegenbesuch erwarteten. Einigung um das unangenehme Genöl zu befriedigen, daß sie im Frühjahr zum Tee kommen dürfe und uns nun also in Gottes Namen einladen könnte. Dann die Musik.

Beim ersten Beethovenquintett war ich noch zu sehr mit all diesem unangenehmen kleinlichen Gerede beschäftigt, als daß ich viel davon gehabt hätte, auch nachher noch bei einigen kleinen Sachen von Ph. Bach, Rameau etc.

Aber dann kam ein Brahms-Quintett mit Klavier, das war unglaublich. Besonders das Allegro non troppo des Anfangs war wundervoll. Hoch empor über all den kleinlichen Dreck des Alltagslebens hoben meine Seele diese wundervollen Töne in grandiosen jubelnden Linien wie der Rhythmus des Meeres oder der Bäume wenn die ersten Frühlingsstürme über sie hinbrausen. So viel durch gewaltige Schönheit verklärte Tragik. Die tiefste Schönheit des Menschenlebens gefühlt im Dramatischen desselben. Dann mit der Dora Hitz zu Fuß nach ihrem Haus. Gemütlich bei ihr zu Abend gegessen und *sehr* gut. Wir kamen uns menschlich etwas näher und sprachen über viele Dinge von der Kunst und vom Leben.

Sonntag d. 10. 1. 09

Machte den Entwurf zu einer Scene aus der Friedrichstr.[33], die ich gestern auf dem Nachhauseweg bemerkt und von der mir ähnliches schon lange vorgeschwebt hatte. Männer die sich nach ein paar Dirnen im Gehen umdrehen. Die Frauen drehen sich ebenfalls nach ihnen um. Die Männer grell von einem Straßenlicht beleuchtet die Frauen etwas dunkler. Möchte gern etwas von dem Zucken, dem magnetischen Zusammenreißen der Geschlechter hineinbringen: etwas was mich gerade auf der Straße immer wieder mit Bewunderung über diese immense Pracht der Natur erfüllt.

Es macht gerade in diesem rein mechanischen harten trostlos offenen Wirken zwischen diesen meist häßlichen und banalen Menschen einen unheimlichen Eindruck der aber doch wiederum nicht frei ist von einer gewissen Großartigkeit.

Schöner Spaziergang mit Minkchen im sonnigen leicht beschneiten Wald. Lump sollte verkauft werden wir brachten es aber nicht über das Herz, trotz 70 M. und dem armen enttäuschten Käufer. Dann Briefe sortieren, die ich früher an Mink geschrieben. Alte Weimaraner Luft geatmet[34]. Viel Freude und mancherlei Beschämung an den Briefen gehabt.

Montag d. 11. 1. 09

Heute hat ich eine große Freude, einen Brief aus Brasilien von Lisbeth Färber. Ich mußte sie einmal verlassen es sind jetzt wohl vier oder fünf Jahre her. Es war in meiner schlimmsten Epoche und sie war der wertvollste und liebste Mensch damals. Und doch zwang mich ein Schicksal von ihr. Ich antwortete ihr nicht mehr. Und heute kam nun ein so rührender fast ergreifender Brief. Sie hatte mein Bild in der Woche gesehen und will nur von mir hören. Sie ist verheiratet.

Ich habe mich so gefreut daß mir das Schicksal gestattet hat eine Jugendsünde vielleicht nachträglich etwas auszugleichen und Schmerzen die ich verursacht nachträglich noch etwas mildern zu können. Ich habe ihr sofort geschrieben so dankbar und herzlich wie ich mich nur irgendwie ausdrücken konnte und wie mir wirklich zu Mute war. Sie war so ein furchtbar lieber feiner Mensch. Wie hart vom Schicksal, sie mir gerade in der dunkelsten und wildesten Zeit meines Lebens und meines Charakters in den Weg zu werfen, daß ich ihr so viele Schmerzen bereiten mußte.

Wie freue ich mich, daß sie die Energie und den Mut gehabt, mir Gelegenheit zu schaffen, ihr meine tiefen freundschaftlichen Gefühle, die ich die ganze Zeit für sie gehabt habe, mein Mitgefühl und meine Trauer darüber daß ich doch von ihr mußte ausdrücken zu dürfen.

Hoffentlich kommt der Brief richtig an.

Dann hatte ich noch eine andere kleinere Freude, Koch der Verlag d. Kunst u. Dekoration in Darmstadt bat um die Erlaubnis d. Reproduktion zweier meiner Zeichnungen aus d. Secession[35].

Nachmittags waren Herr und Frau Spiro da. Nette kleine Tierchen. Harmlos gutmütig und ästhetisch. Ganz gemütlich: Schon des Morgens fiel mir der wundervolle Anfang des Brahms Klavier Quintetts op 34 ein im Allegro non troppo als ich noch ganz unter der Freude des empfangenen Briefes und eines mir wiedergewonnenen Menschen stand und auch jetzt verfolgen mich diese wundervoll jubelnden Rhythmen. Es war schön heute!

Dienstag d. 12. 1. 09

Des Morgens gearbeitet. Noch ein paar Sachen im Hintergrund der Auferstehung und am Raum des Bildes mit den 3 weiblichen Akten[36]. Nachmittag kamen bald die Gräfin und Herr und Frau von Bülow. Bilderbesehen. Kreuzigung[37] erregte höchstes Maß von Interesse bei Bülows. Auch manches andere. Die neuen Sachen Auferstehung etc. blieben ihnen noch etwas unverständlich. Nachher Kunst und Kunstpolitik. Entdeckung einer eventuellen Mäcenatin. Schluß ½ 10 Uhr Abends. Brachte sie noch bis an die Bahn.

Mittwoch d. 13. 1. 09

Ich fuhr schon früh in die Stadt. Ging in's Museum (Kaiser Friedrich). Besonders begeistert von der Entführung der Proserpina einem Jugendbild Rembrandts. Ich denke dabei immer an Böcklin, wie schade, daß er das nicht konnte und er wollte doch so etwas ähnliches. Fabelhaft vollendet ist das schon. Eine Größe der Anschauung bei all der kostbaren Detailmalerei?! Und dann hauptsächlich Jan Steen. Das ist mein besonderer Liebling. Ein großer Humorist und Dramatiker[38]. Vor meinem Rubens standen lauter Copisten. Es war recht ärgerlich.

Schön ist das immer, der Weg vom Kaiser Friedrich Museum über das Schloß und die Linden, wenn nur der verfluchte Dom und das widerwärtige Kaiser-Denkmal nicht wären. Ich empfinde es jedesmal als eine Schmach. Dann bei Kolbe. Traf dort erst die Gerda Schröder. Dann Herr und Frau Rhein. Sie ist sehr nett.

Nachher mit Kolbe im Café wo ich ihm unsere zukünftigen Secessionspläne enthüllte. Er war sehr dafür erfreulicher Weise. Dann zu Buschchen und darauf mit Mink die ich dort traf zu Röslers. Eine dicke gutmütige Frau v. Nieberschütz oder so ähnlich kennen gelernt, dann kamen Schockens. Netter Abend, zum Schluß von Charlotte Berends Geburtsakt zur Frauenfrage. Große Erregung Duell zwischen Mink und mir. Vergnügtes nach-Hause. Automobil!

Donnerstag. 14. 1.

Sehr schlechte Stimmung keine Farben. Modell. Zerfahrner Morgen. Allgemeine innere Ödigkeit. Aufgeschmissen. Nachmittag Stadt um zu zeichnen. Kein gutes Modell. Traf Rösler im Café. Müdes Genöl. Straßenspaziergänge im Regen am Abend.

Trennte mich von ihm am Leipziger Platz.

Zu Hause hatte sich Mink die Haare gewaschen und war harmonisch und froh. Einladung der Secession zu Bierabend der Klingereröffnung. Weiß noch nicht ob hingehen. Draußen tobt der Wind. Nasses klaatschiges Tauwetter. Minkchen klebt Frida Marken. Ob ich wohl noch einmal still und ruhig werde. Einsam sind die Menschen unter sich.

Freitag 15. 1. 09

Morgens Bombe auf's Straßenbild gemalt. Versucht über das öde Gesicht doch den Schimmer jenes Großartigen zu legen was über all den Menschen Abends auf der Straße liegt. Eben das oft behandelte und vielerwähnte »Leben«. Nachmittags Besuch von Anni und Frl. Langbein, die übrigens das kurzbeinigste ist was man sich denken kann. Anni war sehr nett und rührend. Sah sich meine Bilder an und war scheinbar sehr kaputt. Wir gingen dann zusammen zur Bahn. Sie fuhren nach ihrem Nest und ich nach Berlin in die Secession. Nervöse Stimmung da ich das Lokal nicht ausstehen kann[39]. Ankunft. Nölereien mit Cassirer. Gegenseitiges Anöden. Dann kam Klinger mit Liebermann auch die üblichen anderen Existenzen. Meier Greco Schröder wieder später Dora unter dem Schutze des Herrn Herrmann.

Ich saß mit Kolbe Tuch Pottner Nauen zusammen und versuchten so gut es ging die niederträchtig stumpfsinnige Stimmung nicht über uns kommen zu lassen. Trotzdem drückten wir uns bald.

Nachher noch Café wo Kolbe schon anfing sich zurückzuziehen (von den neuen Ideen), erfuhr daß er 10000 M Schulden bei Cassirer hat. Von der er los sein wollte wenn der Krach geboren würde.

Na ---!

Sonnabend. 16. 1. 09

Morgens weiter am Straßenbild gearbeitet. Dann früher in die Stadt um noch zu Schocken zu gehen. Er war müde mußte auch einer plötzlichen notwendigen Einladung folgen bald gehen. Sah noch schnell sein neues Bild die Badenden oder vielmehr sich trocknenden Frauen. Schöne Stellen, fällt aber vorläufig noch auseinander.

Traf dann Rösler im Café. Stellte fest daß Herr Scheffler[40] in seiner Kritik über die Schwarz-Weißausstellung[41] mich garnicht erwähnt, trotzdem ich 15 Zeichnungen ausgestellt und Schocken und die [...] versetzt hatte. Spaßhaft! Aß dann bei R. mit zu Abend. Nachher Café. Kolbe Tuch Rösler et moi. Kolbe muffig und müde. Zeigte immer klarer wie fremd er mir eigentlich ist trotz seiner Freundschaftsversicherungen. Nicht angenehmer Ton. Er ging angenehmer Weise früher so daß wir drei noch etwas allein blieben, was sehr nett und gemütlich war. Verabredung für nächsten Sonnabend.

Sonntag 17. 1. 09

Spät aufgestanden. Dann Entwurf zum Erdbeben gemacht mit großer Leidenschaft und Freude. Nachmittags mit immer noch nicht ganz gesundem Mink (Freitag Abend hatte sie sogar etwas gefiebert) schönen Spaziergang gemacht. Prachtvoller klarer Nachmittag. Den Weg am Kloster vorbei. Vom hohen Hügel wunderschöne Aussicht. Die Natur hatte uns einmal wieder lieb. Es war einmal wie in Weimar. Dann nach Haus. Mink riet mir mich bei Landauers endlich einmal für die Billetts zur Chinesischen Ausstellung zu bedanken. Ich trampelte auch hin. Blieb 10 Minuten da, störte den Brüllbruder der Frau und wußte nicht recht was ich sagen sollte nachdem ich mich bedankt hatte und 10 Augen auf mir ruhten. Wußte nicht was ich eigentlich bei diesen sehr netten mir aber ganz fremden Menschen tun sollte und ging denn dann auch, nachdem ich noch eine Einladung für nächsten Sonnabend mit nach Haus genommen hatte.

Sehr gutes und gemütliches Abendbrot. Vor und nach ihm in alten Tagebüchern von mir gelesen die jetzt Mink gehören. Puh da war ich auch nicht gerade glücklich. Verflucht! Eine Masse Gewinsel[42]. Dann eine reizende vergnügliche und glückliche Klavierstunde bei Mink gehabt.

Donnerstag d. 21. 1. 09

Es waren unruhige Tage seit Sonntag. *Montag* früh war ich schon früh in der Stadt, wegen der Steuer. Ging dann zu Fuß nach dem Mittag zu Cassirer und sah mir Matisse noch einmal an, fand ihn noch unbedeutender und epigonenhafter als das vorige Mal. Genau so unpersönlich wie er in einem seiner älteren Bilder Monet und Degas nachmacht, evolutioniert er nun in Gauguin van Gogh und irgend welchen indischen oder chinesischen Primitiven. Dann zu Fuß weiter bei der Dora Hitz. Dort Tee getrunken. Mittelmäßige Freundlichkeit. Schade daß man ihr so wenig trauen kann. Bei Schockens, Buschen, Café traf dort Dohnányi, dann Concert von Fried. Traf dort Frau Kolbe. Warmer Empfang: Nun würden die Leute gleich wieder etwas zu reden haben meinte sie, Beckmann und *Frau* Kolbe allein im Concert. Manchmal sieht sie schön aus. Öfter belanglos. Eine entsetzlich langweilige Sache von Skrjabin le poeme divin, eine wunderschöne Arie von Mozart von einem prachtvollen Sopran gesungen *und* eine im schlimmsten Tempo vorgetragene Ouvertüre der Meistersinger war der Schluß des Abends. Ich mußte mich neben Frau Kolbe setzen. Sie war sehr stark parfümiert.

Dienstag früh fing ich an am Messinabild zu arbeiten. Nachmittags mit Mink zu Eve[43] dort Buschen Tutti und Tante Linka und Hasenbraten. Vorher und nachher viel unnötiger Zank zwischen Mink und mir. Concert von Dohnányi wohl zu müde und abgespannt um ganz folgen zu können, am besten gefiel mir Schumann. Ich saß zufällig neben Gerda Schröder. Beethoven spielte er ein bißchen langweilig glaube ich. Nach dem Concert Café Josti anbahnende Versöhnung. Friedensschluß am Bahnhof. Gerade als wir abfahren wollten kam Anni noch und fuhr mit.

Mittwoch früh arbeitete ich weiter am Messina, ging an die vorderste liegende Figur. Schöner Einfall in gold und schmutzig-rosa-violett. Abends fuhr ich zu Zech's zum Abendbrot. Richard Grethe Paul und Frau Martini (war mir zuerst unangenehm). Richard kam zu spät. Man hatte ihm seinen Mantel gestohlen er war etwas geknickt und mußte trotzdem manche mitleidlose Scherze aushalten. Nachher stellte es sich heraus, daß man sich scheinbar einen Scherz mit ihm gemacht hatte. Schöne Gänseleberpastete und Pfahlmuscheln. Unterhaltung bedeutungslos. Las auf der Bahn Stifters Feldblumen die mir teilweise *sehr* gefielen. Jean Paul in Miniaturausgabe scheinbar.

Heute habe ich nun wieder mit meiner ganzen Kraft an Messina gearbeitet. Morgen's nach dem Modell und nachmittags aus dem Kopf und nach Tageszeitungsphotographien den Hintergrund angefangen[44]. Es interessiert mich sehr. Vielleicht bekomme ich etwas hinein von dem atemlosen Entsetzen, der grauenhaften Schönheit des Sujets. Morgens als ich noch im Bette lag telephonierte Grethe bereits an, daß im Weltspiegel Minks Portrait (es gehört Cassirer) reproduciert sei, was augenblicklich im Hohenzollernkaufhaus ausgestellt ist. (Dame in Kunst u. Mode). Nachmittag gingen wir dann beide in's hiesige Café und besahen uns das Wunder. Es war sehr hübsch gekommen und eine nette Überraschung. Wir warteten vergeblich auf Anni, und eben warte ich auf's Abendbrot. Es ist ¼8 und wird wohl nichts mehr passieren. Also gute Nacht.

Sonntag d. 24. 1.

Am *Freitag* arbeitete ich des Morgens am neuen Bild. Nachmittags fuhr ich nach Berlin besuchte Schocken und Herrn u. Frau v. Bülow. Bei Bülow sah ich ältere Sachen von ihm die mir ganz gut gefielen. Die Sachen seiner Frau ließen mich ziemlich ruhig, da sie gut aber sehr unpersönlich waren.

Abends dann Café mit Kolbe Nauen Bülow Rösler und Schocken. Merkwürdiges Wirrwarr, die übliche Unzufriedenheit über die Secession und mancherlei Kunst und anderes Genöl. *Sonnabend* also gestern vollendete ich die erste Figur ganz im Vordergrund. Ich hoffe daß sie schön ist. Nachmittags fuhren Mink und ich zu Anni nach Hohenneuendorf, dabei aus heiterem vergnügtem Himmel plötzlich Streit. Trafen Anni und nahmen sie mit zurück, tranken dann mit Busch bei uns Kaffee. Buschen ist übrigens eben seit Mittwoch bei uns zu Besuch. Ich hatte etwas Ärger mit einem dummen karfunkelähnlichen Ding am Hals und bekam Umschläge. Abends bei Landauers hier in Hermsdorf Rudolf Klein und Frau (Julie Wolfthorn), meine Befürchtung einem süßlichen Schwätzer mit einer sehr

1 Max Beckmann: »Selbstbildnis«, unvollendet. Gemälde, 1908.

2 Max Beckmann: »Junge Männer am Meer«. Gemälde, 1905.

3 Max Beckmann: »Junge Männer am Meer«. Pastell, um 1904.

4 Max Beckmann: »Doppelbildnis Max Beckmann und Minna Beckmann-Tube«. Gemälde, 1909.

5 Max Beckmann: »Bildnis Augusta Gräfin vom Hagen«. Gemälde, 1908.

6 Max Beckmann: Entwurf zur »Auferstehung«. Gemälde, 1907.

7 Max Beckmann: »Auferstehung«. Gemälde, 1908/09.

8 Max Beckmann: »Sintflut«. Gemälde, 1908.

9 Max Beckmann: Kompositionsentwurf zur »Sintflut«. Kohle, 1908.

10 Max Beckmann: »Kreuzigung Christi«. Gemälde, 1909.

11 Max Beckmann: Kompositionsentwurf zu »Drei Frauen im Atelier«. Kohle, 1908.

12 Max Beckmann: »Drei Frauen im Atelier«. Gemälde, 1908.

13 Reportagefoto aus dem zerstörten Messina: Ausgrabung eines getöteten Ehepaares.

14 Zeitgenössische Darstellung der Katastrophe von Messina: Soldaten bei den Rettungsarbeiten.

15 Max Beckmann: »Szene aus dem Untergang von Messina«. Gemälde, 1909.

16 Max Beckmann: »Le Début« (Bildnis Minna Beckmann-Tube). Bleistift, 1906.

17 Max Beckmann: »Orpheus verläßt seine Mutter, um in die Unterwelt zu gehen«. Blatt 3 der Illustrationsfolge zu »Eurydikes Wiederkehr« von Johannes Guthmann. Lithographie, 1909.

18 *Max Beckmann in Berlin, 1908.*

19 Das Ehepaar Beckmann vor dem Haus in Berlin-Hermsdorf, Herbst 1908.

20 *Max Beckmann im Atelier in Berlin-Hermsdorf vor der »Auferstehung« von 1908/09.*

21 Max Beckmann: »Bildnis des verwundeten Schwagers Martin Tube«. Lithographie, 1914.

22 Das Ehepaar Rösler, Osterode 1906.

23 Waldemar Rösler: »Selbstbildnis mit Oda«. Gemälde, um 1910.

24 Rembrandt: »Der Raub der Proserpina«. Gemälde, um 1632.

25 Goya: »Stiergefecht in abgeteilter Arena«. Blatt 4 der Folge »Die Stiere von Bordeaux«. Lithographie, 1825.

26 Gustave Courbet: »Das Jagdfrühstück (Le Repas de Chasse ou L'Hallai du Chevreuil)«. Gemälde, 1858.

27 Hans Baluschek: »Sommerfest in der Laubenkolonie«. Gemälde, 1909.

28 Waldemar Rösler: »Ehepaar Tieffenbach«. Gemälde, 1908.

29 Kurt Tuch: »Stadtrand«. Gemälde, 1904.

30 Max Beckmann: »Szene aus der Friedrichstraße«. Feder und Kreide, laviert, 1909.

31 Heinrich Nauen: »Selbstbildnis«. Gemälde, 1909.

32 Max Beckmanns Atelierhaus in Hermsdorf bei Berlin.

33 Schloß und Schloßbrücke in Berlin, 1903.

34 Der Potsdamer Platz in Berlin, 1908.

35 Berlin um 1910: Unter den Linden – Ecke Friedrichstraße.

36 *Max Liebermann, 1909.*

37 *Max Liebermann: »Selbstbildnis«. Gemälde, 1909.*

38 Lovis Corinth: »Porträt Julius Meier-Graefe«. Gemälde, 1917.

39 Paul Cassirer, um 1910.

40 Rudolf Großmann: »Paul Cassirer«, Tuschpinsel, o. J. Unterhalb der Darstellung eigenhändig bezeichnet: »Ein Kunsthändler erklärt alle für größenwahnsinnig; er läßt seine neuesten Pariser Importen aufstellen und zeigt, daß ohne seine epochemachenden Ausstellungen die Kritik verhungert wäre, daß er durch verschwenderische Unterstützung junger Talente, die dem Untergang nahe waren, deren Bilder gewissermaßen selbst gemalt habe«.

Herr Cassirer erklärt alles für Geistesumnachtung. Er
läßt seine neuesten pariser Erwerbungen ausstellen
und zeigt, er ohne seine epochemachenden Ausstellungen, die Kritik verpfuscht wäre, daß er durch
verschwenderische Unterstützung junger Talente

41 Max Beckmann, Curt Herrmann, Georg Kolbe und Leo von König (v. r. n. l.). Berlin, 1910.

guten Kunstkritik zu begegnen traf nicht ein. Er posierte zwar aber mit einer nicht unangenehmen Naivität, war zurückhaltend und sprach kluge Sachen. Er ist eben doch fast der einzige Mensch der der Kunst gegenüber so empfindet wie ich. Teilte sogar meine Meinung über Marées, sogar die gewissen Charakterähnlichkeiten mit Liebermann. Beide zu sehr Gehirnkünstler. Kein unmittelbares Verhältnis zum Leben. Als dritter im Bunde, jeder aber in seiner Art ganz besonders, fiel uns Klinger ein, dessen Brahmsdenkmal hier eben in der Secession ausgestellt ist[45]. Ich sah es am Freitag als ich von Schockens zu Bülow ging. Scheußlich einfach unhaltbar in jeder Beziehung. Sonst aber natürlich Klinger als Persönlichkeit nicht wegzuleugnen. Trotzdem er eigentlich unkünstlerisch ist. Reihenfolge Marées, Liebermann, Klinger. Die guten Landauers waren ziemlich empört über unsere Absägerei. Wir waren jedoch sehr einer Meinung auch Mink, daß wir uns lieber an die Quellen Rembrandt Frans Hals und Goya hielten als an diese etwas prinzipiellen Theoretiker. Wunderten uns über diese merkwürdige Erscheinung und fanden daß uns unter den Alten solche merkwürdig gewaltsam konstruierten Existenzen niemals begegnet waren. Ich bin übrigens nachträglich der Meinung daß es sie früher ebenso gegeben hat wie jetzt. Sie sind nur vergessen. Sie haben als Stufen zu etwas Höherem gedient, waren gute Lehrer ohne es zu wollen, da sie manches für die Zeit Notwendige in zu abstrakter Form verarbeiteten, was aber dadurch eine große Deutlichkeit gewann und aus dem dann die folgende Generation ohne ihrer künstlerischen Naivität zu schaden kräftigen Boden für ihr eigenes Wachstum fand.

Mittwoch. d. 27. 1. 09

Eben sind Schockens weggegangen, sie waren Nachmittag und Abend hier. Haben Bilder besehen viel geredet und genölt. Gingen auch zu Fuß nach Schulzendorf und zurück. Es macht mich immer traurig, wenn ich so sehe wie wenig man doch verstanden wird. Hing da zufällig eine Reproduction meiner jungen Männer am Meer[46] an der Wand. Schocken war ganz begeistert. Es ist doch komisch daß allen Leuten immer das Unpersönlichste am besten gefällt. Mit meiner Persönlichkeit renn ich wie unsichtbar umher. Ach Gott wenn Du nicht zu der schönen Kunst auch noch den verfluchten Ehrgeiz, die Mutterliebe der Künstler für ihre Bilder gesetzt hättest. Wie schön könnte das sein. Da hab ich nun die Kreuzigung die Schlacht die Akte die Sintfluth die Auferstehung etc etc gemalt aber nein die jungen Männer am Meer. Na – – –

Sonntag 24. waren wir Nachmittag mit Anni u. Mink und ich in Tegel. Schöner Spaziergang.

Donnerstag. d. 28. 1. 09

War heute Nachmittag in Berlin um Kostümstudien für Messina zu machen. Der Saal war aber geschlossen. Daher ging ich in den Lesesaal und ließ mir ein neues Werk Reproduktionen Goyascher seltner Radierungen und Lithographien geben. Fand darin die 4 Blätter von Stierkämpfen die er mit ungefähr 80 Jahren gemacht hat. Sie sind wundervoll. Es ist als ob sein ganzes anderes graphisches Werk nur Vorbereitung und Sammlung ist für die so große prachtvolle majestätische Aussprache. Ein üppiges Leben ist darin, ein Raumgefühl!, es war mir ein wirklicher Genuß die Sachen zu sehen. Sie haben so viel von dem was ich jetzt will, so mit erregten Massen zu arbeiten. Ich fand sie auch so viel freier und größer komponiert wie die früheren radierten Stierkämpfe. Glänzend als Raumverteilung. Dabei fällt mir noch ein anderer schöner Genuß ein. Neulich bei Cassirer ein Courbet »Halali«. Eine Jagdgesellschaft nach Schluß der Jagd hat sich versammelt und ein Piqueur bläst auf einem großen Horn das Halali, es scheint ein beginnender Abend zu sein. Ein paar Frauen sind dabei einige Männer liegen im Grase im Vordergrund Hunde und tote Rehe und anderes Wild. Alles steht dunkel gegen einen helleren blauen Himmel. Eine seltsam geruhige gesammelte Stimmung ist in dem Bilde und der Piqueur wird einem unwillkürlich zu einer Art von symbolischer Figur wie er so seinen Jubel aus dem Bild heraus bläst. Etwas von einer Überwindung von einem schönen klaren Siege liegt mittelbar über dem Bilde. Die Menschen sitzen still auf dem Rasen das Waldhorn hallt durch die klare Luft und es wird Abend.

Es ist merkwürdig wie wenig Bilder mir noch gefallen und wie selten ich noch die Sensation einer neuen ganzen Persönlichkeit erlebe in der Kunst. Eine Zeitlang ging das mal nur so Hals über Kopf und jetzt ist ein Stillstand eingetreten. Man hat Umschau gehalten, kennt seine Freunde. Wann mir wohl wieder mal ein Neues durch andere kommen wird[47].

Ich bin ganz im Druck meines neuen Bildes. Ich möchte es am liebsten auf einmal malen. Eins verlangt so nach dem anderen und doch geht alles so langsam, trotzdem ich noch nicht 14 Tage daran male. Es ist merkwürdig ich würde gern für mich einiges was mich so an der Arbeit interessiert aufschreiben aber ich kann garnicht darüber reden. Ja doch. Raum Raum möchte ich[48]. Tiefe. Natürlichkeit. Möglichst keine Gewaltsamkeiten. Und herbe Farbe. Möglichste Lebendigkeit und doch nicht überlebendig. Das Fahle einer Gewitterstimmung und doch das ganze pulsierende fleischliche Leben. Eine neue noch reichere Variierung von violett rot und fahlem gelben gold. Etwas Rauschendes Üppiges wie viele Seide die man auseinanderblättert und wildes grausames prachtvolles Leben[49]. Morgen geht es weiter!

Freitag d. 29. 1. 09

Ärger mit den Modellen! Unverschämte Geldgier, die ich nicht befriedigen kann da nicht genug Moneten vorhanden. Nachmittags Gruppe. Abends bei Schockens Röslers Tuch.

Sonnabend d. 30. 1. 09

Wieder an der Vergewaltigungsgruppe gearbeitet mit 2 Modellen. Abends Secession. Vorstandswahl. Derselbe öde sinnlose aber geschäftstüchtige Unsinn, bei der Dora Hitz zu Abend gegessen dann mit ihr in die Secession. Brandenburg kennen gelernt. Netter Kerl, sieht lange nicht so sentimental aus wie seine Bilder. Interessant war wie sehr Liebermann und Corinth gegen Schocken waren. Es freut mich gemeiner Weise da ich hoffe eine sichere Stütze in dem empörten Schocken für meine neue Secession zu finden. Sonst heftig angeekelt von der ganzen verlogenen kalten Gesellschaft auch von Dora.

Schön war es wie ich von allen weg war und in der stillen klaren Winternacht den Kanal entlang zum Potsdamerplatz gehen konnte. Ein heftiger Wind hatte den Schnee gegen alle Äste und Stämme der Bäume geweht. Überall starrten weiße Riesen-Schlangen von elektrischem Licht hell beleuchtet gegen den dunklen Nachthimmel.

Am Stettiner Bahnhof erlebte ich noch eine unangenehme Scene. Ich sah schon von weitem ein paar sich balgende Menschen und hörte ein wüstes gellendes Geschimpfe. Ein Schutzmann wollte einen Mann wegbringen der sich dagegen wehrte und dabei warf er ihn in brutaler Weise zu Boden, da der Mensch sich immer sträubte. Ich brüllte den Schutzmann an da sich alles in mir gegen diese gemeine brutale Vergewaltigung eines Menschen wehrte und erreichte es, daß er dem Mann wenigstens wenn auch immer noch schimpfend und wehklagend entging[50]. Hund hat er zu mir gesagt Hund! Ik! Ik ik bin doch auch ein Mensch. Seine Stimme schwankte immer zwischen furchtbarster Wut und einem brüllenden indirekt stoßendem Schluchzen. Langsam entfernten sie sich und immer noch tönte das wehklagende Brüllen des armen brutalisierten Menschen aus der dunklen Menschenmasse die sich ebenfalls neugierig mit ihnen entfernte. Merkwürdig war die schwarze kleine Masse auf dem großen mit Schnee bedeckten Platz und die traurige zornige Stimme hallte an den Häusern des Platzes empor zu dem riesigen dunklen Nachthimmel an dem helle lange schmale Wolkenfetzen rasend schnell dahinzogen.

Sonntag. d. 31. 1. 09

Morgens zum letzten Male an der Vergewaltigungsgruppe gearbeitet. Ich glaube sie ist gut geworden. Mittags Tutti. Nachmittags dann Eve Meid. Netter ruhiger Tag. Um 7 Uhr brachten wir die beiden zur Bahn und machten dann noch einen schönen Nachtspaziergang durch den dicken Schnee. Der Wind pfeift kalt aber in unsern Herzen war es warm denn wir waren glücklich. Fühlten uns froh und sicher jeder in seinem Beruf und glaubten an uns und die

Welt lag weit draußen in Berlin und konnte uns den Buckel runterrutschen, wenn sie nicht liebenswürdig war.

Montag d. 1. 2. 09

Natürlich kein Modell. Mink als Ersatz für die Frau rechts. Nachmittags Modell gesucht in d. Stadt. Mit der Gräfin im Café dann zu Schockens.

Die Gräfin ist wirklich reizend. Endlich mal ein Mensch dem man voll vertrauen kann und der mir voll vertraut und mich kapiert. Ich erzählte ihr daß ich Messina male, sie meinte daß sie es sich gedacht hätte. Sie bemüht sich auch sichtlich Menschen zu finden die meine Ideen mit einer neuen Ausstellung unterstützen können. Na hoffentlich nützt es was. Bei Schocken sah sich die Gräfin sein neues Bild die Frauen im Freien an war aber nicht sonderlich begeistert. Dann fuhr ich zu Buschchen aß dort Abendbrot es war nett.

Dienstag. 2. 3. 09

Nachmittags 2 Männer als Modell zur hinteren Gruppe. Intensiv gearbeitet. Es kostete Mühe die Figuren in die richtige Tiefe zu bringen. Die Richtigkeit der Entfernungen der Figuren im Raum ist mir jetzt so ungeheuer wichtig. Dann kamen Röslers. Ich war zuerst etwas müde. Sie hatten sich Wohnungen angesehen aber nichts gefunden. Sprachen im Laufe des Abends viel über Schocken und fanden Rösler und ich daß es so schade wäre daß ein so gutes Talent wie er nicht disciplinierter wäre, so gar kein Weiterkommen und ein stetes Hinwegtünschen über seine

Fehler anstatt ihnen energisch zu Leibe zu gehen. Mink verteidigte ihn.

Mittwoch, d. 2. 4. 09

Abend's Nauen! Es war sehr komisch. Er unterbreitete mir einen Vorschlag der einer neuen Secession verflucht ähnlich sah. Mit Nolde, von dem die Idee ausging Weiß Herrmann Hofer Haller etc. Die beiden letzteren übrigens waren noch nicht einmal gefragt.

Nun wäre das ja reizend, wenn nur nicht der Nolde mit dabei wäre, da er sich für ein Genie hält keins ist und doch als solches behandelt zu werden wünscht[51]. Ein Zusammenarbeiten also mit ihm unmöglich wäre. Den ganzen Abend geredet und zu nichts gekommen, da Nauen nun als anständiger Kerl natürlich da er sich einmal mit Nolde eingelassen schwer zurückkann. Nauen aber mir bei meiner neuen Idee sehr angenehm wäre. Künstlerisch und da er ja auch pekuniär Verbindungen hat. Auf Sonnabend verschoben.

Des Nachmittags übrigens anstatt gemalt mit den 2 Modellen Kanäle gegraben da Hochwasser in unserem Haus. Tau und Regenwetter.

Donnerstag. 3. 4. 09

Vormittags ziemlich lange geschlafen. Nachmittags 2 Modelle das letzte Mal. Ziemlich schlapp auch gearbeitet. Dann Bülows mit Mink und Schocken. Salon d'Automnesache besprochen. Abend's bei Schockens. Gräfin-Gesang von Schockens in dieser Beziehung sehr geliebten Dame.

Gefiel uns aber äußerst mäßig. Sonst freundschaftliches Genöl. Der Abend erhielt eine gewisse dramatische Spannung da ich bevor wir zu Schockens gingen nach Hause wegen Peter telephonierte und ich auch Nachricht von Frida darüber empfing. Dann frug ich noch was etwa sonst passiert wäre. »Ja ein Telegramm«. »Bitte öffnen und vorlesen«. Von diesem Augenblick verstand ich kein Wort mehr. Nach ½ stündigem Versuche gab ich auf. Als wir Abends nach Haus kamen war es von Cassirer der mich bat ihn wegen einer Illustrationssache morgen früh aufzusuchen.

Freitag d. 4. 4. 09

Morgens bei Cassirer er war sehr liebenswürdig und hatte wirklich etwas da was ich illustrieren sollte. Ein Buch in Versen von einem Herrn Dr. Guthmann[52]. Mink und ich haben ihn nämlich im Verdacht daß er irgend Wind von den Revolutionsplänen bekommen und nun sich an mich heranmachen möchte. Ich halte das auch immer noch für möglich. Morgen Nachmittag bat er möchte ich mich entscheiden. Hatte erst wenig Lust dazu. War dann noch bei Kolbe mit dem ich dann über die Salon d'Automnesache sprach. Er war sehr begeistert! Und gern bereit mitzumachen. Auf dem Rückwege las ich dann Manuscript von Guthmann und fand daß es nicht schlecht und etwas daraus zu machen sei. Entschloß mich also, es zu machen. Mink las es auch und war zuerst auch etwas abgeneigt und dann auch dafür. Nachmittags hatte ich weibliches Modell. Das Messina macht mir momentan Schwierigkeiten. Es zerfällt jetzt etwas und ist bißchen bunt. Bin neugierig ob ich es fertig bekomme. Mein Interesse ist jedoch noch groß [...] Die Steine sind im Rollen, bin neugierig wohin sie rollen. Lump stinkt ich bin abgespannt die glühenden Lichter des Daseins gehen mich nicht viel an.

Dokumentation

Ein Band mit dem Goldaufdruck »Tagebuch«, in grünes, verschlissenes, wasserfleckig gewordenes Leinen gebunden, enthält die vorstehend abgedruckten Aufzeichnungen von Max Beckmann (geboren am 12. Februar 1884 in Leipzig als Sohn des Getreidehändlers Carl Heinrich Christian Beckmann, 1839–1894, und der aus Königslutter gebürtigen Antoinette Henriette Bertha Beckmann geborene Düber, 1846–1906. Gestorben am 27. Dezember 1950 in New York).

Bei der Sichtung des Textes ergab sich die Notwendigkeit, die originale Fassung zu wahren, um die Diktion Beckmanns zu erhalten, um die Stimmung, die ihn bei der Niederschrift erfüllte, nicht zu neutralisieren und um den Charakter der spontanen, unvorbereiteten und in keiner Phase für die Veröffentlichung bestimmten Tagebuchnotiz weitgehend zu sichern. Das Prinzip einer authentischen Dokumentation war bei der Bearbeitung des Textes für den Druck primär verbindlich. Kürzungen sind konsequent vermieden; einzelne Passagen, die im Wortlaut nicht zu identifizieren waren, sind durch [...] gekennzeichnet. Namen wurden ausnahmslos richtig wiedergegeben.

Seit der ersten Edition des Berliner Tagebuchs von 1908/09 (1966) verfügt die Beckmann-Forschung über zwei Beiträge, die für eine detaillierte Beschäftigung mit dessen Text unentbehrliche Informationen und präzise Nachweise liefern: den 1976 in Bern veröffentlichten zweibändigen Werkkatalog der Gemälde, bearbeitet von Erhard und Barbara Göpel, sowie die 1978 in Düsseldorf erschienene Publikation »Max Beckmanns zeichnerisches Werk 1903–1925«, die Stephan von Wiese auf der Grundlage einer 1974 in Berlin vorgelegten Dissertation besorgt hat.

Für die Kenntnis und Interpretation der Berliner Schaffensetappe erweisen sich zwei weitere Veröffentlichungen als anregende und nützliche Quellen: »Das Frühwerk Max Beckmanns – Zur Thematik seiner Bilder aus den Jahren 1904–1914« von Ernst-Gerhard Güse (Frankfurt-Bern, 1977) sowie »Studien zum Frühwerk Max Beckmanns – Eine motivkundliche und ikonographische Untersuchung zur Kunst der Jahrhundertwende« von Ewald Gäßler (Göttingen, 1974).

Unter dem Titel »Max Beckmann – Die frühen Bilder« boten die Kunsthalle Bielefeld und die Städtische Galerie im Städelschen Kunstinstitut in Frankfurt 1982/83 den ersten musealen Überblick des bis 1914 entstandenen Malwerks.

Die vorliegende zweite, erweiterte Ausgabe des Berliner Tagebuchs erscheint aus Anlaß der hundertsten Wiederkehr des Geburtstags von Max Beckmann.

Hans Kinkel

[1] Minna Tube (»Mink«) ist am 5. Juni 1881 als Tochter des Militäroberpfarrers Dr. phil. Paul Friedrich Abraham Tube (1843–1889) und der aus Hassenhausen gebürtigen Ida Cocardia Minna Tube geborene Römpler (1843–1922) in Metz geboren. Sie begann ihr Malerei-Studium bei Knirr und Landenberger in München; vom Herbst 1902 bis zum Ende des Sommersemesters 1903 arbeitete sie in der Naturklasse von Hans Olde an der Großherzoglichen Kunstschule in Weimar, wo sie Anfang 1903 Max Beckmann auf einem Faschingsfest kennenlernte. Heirat am 21. September 1906 in Berlin. »Auf seiner Hochzeitsreise besuchte uns Beckmann mit seiner schönen reizvollen Frau Minna. Da sah ich ihn zum ersten Mal. Eine machtvolle Erscheinung: stille, allessehende Augen, starke, ausdrucksvolle Hände, eine blonde Haarsträhne fiel ihm in die Stirn, sein Schritt – ein Takt. Sie waren im zoologischen Garten am Karpfenteich. Beckmann auf der Brücke – er erzählt: ›Sie sahen mich mit hungrigen Augen an, die armen Karpfen, die das Maul nur zum Fressen aufreißen können. Ich wollte ihnen etwas schenken, hatte aber nichts Freßbares bei mir – so warf ich ihnen mein Portemonnaie hinunter. Viel war nicht drin‹. Dann haben wir musiziert. Beckmann setzte sich an den Flügel und spielte, obwohl er nicht spielen konnte, spielte eine wilde, eine großartig schmerzhaftschöne Musik« (Mitteilung von Fridel Battenberg an den Herausgeber). Beckmann pflegte Minna Tube die Bilder seiner frühen Arbeitsetappe durch das Monogramm »HBSL« (das ist: »Herr Beckmann seiner Liebsten«) zu widmen. Von 1912 bis 1914 studierte Minna Beckmann-Tube in Berlin Gesang; zwischen 1915 und 1926 war sie in Elberfeld, Dessau, Chemnitz und Graz als Opernsängerin verpflichtet. 1925: Scheidung von Max Beckmann, 1928: Rückkehr nach Berlin. Am 30. Juli 1964 ist Minna Beckmann-Tube in Gauting bei München gestorben.

[2] Hermsdorf bei Berlin, Ringstraße 8. »Als Beckmanns von Florenz zurückgekehrt waren, zogen sie in ihr neues, nach den Angaben von Frau Beckmann gebautes Haus in Hermsdorf. Es hatte die Form eines Würfels und enthielt im Erdgeschoß ein großes Wohnzimmer und die Schlafräume. Im ersten Stock lag das sehr große Atelier mit Ober- und Seitenlicht. Es grenzte an den Wald, die Kiefern schauten in die Fenster und gaben ein merkwürdiges, grünlich-graues Licht, das sich in Beckmanns großen Bildern dieser Zeit (Titanic, Sintflut, Untergang von Messina) widerspiegelt« (Mitteilung von Eve Meid an den Herausgeber).

[3] Das projektierte Doppelporträt des Malers mit seiner Frau (Göpel 109) ist 1909 in Hermsdorf entstanden. Es gelangte 1911 in das Moritzburg-Museum Halle. »Unter unsäglichen Schwierigkeiten ist das große Beckmann-Bild ... gekauft« (Max Sauerlandt am 24. April 1914 an Walter Stengel). Die Erwerbungssumme betrug laut Göpel 1700 Mark.

[4] Waldemar und Oda Rösler geborene Hardt (24. August 1880 – 17. Oktober 1965) lebten 1908/09 in Berlin-Wilmersdorf, Durlacherstraße 3. 1906 war der am 21. April 1882 in Striesen bei Dresden geborene Rösler nach Berlin gekommen. Er debütierte 1907 in der Secession, deren Mitglied er 1909 wurde. 1915 erschienen in »Kunst und Künstler« neben gleichartigen Dokumenten von Max Beckmann und Fritz Rhein in Belgien und Frankreich geschriebene illustrierte Feldpostbriefe von Rösler, der sich am 14. Dezember 1916 nach einer Ehrengerichtsverhandlung in Arys/Ostpreußen das Leben nahm. »Was Röslers Talent wertvoll macht, ist also, daß er nicht malt wie er will und was er für nützlich hält, sondern wie er muß, daß seine Kunst ihm Schicksal ist... Von den jüngeren Talenten, die Rösler, ohne sich dazu zu drängen, vertritt, erwar-

ten wir manches für unsere Malerei... Wir hoffen um so mehr darauf, als Rösler nur der fortgeschrittenste unter einer Anzahl gleichgesinnter Genossen ist und als seine Art eine Kunstgesinnung ankündigt, die, ohne irgendwo an der Oberfläche zu haften, von einem größeren Kreise doch verstanden werden kann« (Karl Scheffler in »Kunst und Künstler«, 1912). »Eins steht fest: unter seinen Altersgenossen war er nicht nur eins der hoffnungsreichsten, sondern auch eins der gediegensten Talente. Die Rechtschaffenheit gegen seine Kunst verleiht seinen Bildern dauernden Wert, und wenn all das tolle Zeug, das uns das letzte Dezennium vor dem Kriege gebracht hat, längst von der Bildfläche verschwunden sein wird, werden Rößlers Bilder bestehen bleiben: denn sie sind ehrlich« (Max Liebermann in »Der Tag«, 1917). »Außer Marc und Macke ist am meisten der Verlust von Waldemar Rösler zu beklagen« (Kurt Badt in »Der Monat«, Nr. 191/1964).

Die bis heute einzige Rösler-Monographie mit einem Textbeitrag von Karl Scheffler und mehreren Originallithographien des Künstlers erschien 1912/13 in der »Officina Serpentis« im Verlag von E. W. Tieffenbach in Berlin-Steglitz als Band 1 der Reihe »Die neue Kunst in Berlin« in limitierter Auflage von 110 Exemplaren. Zur hundertsten Wiederkehr des Geburtstags von Waldemar Rösler veranstaltete die Ostdeutsche Galerie in Regensburg vom 23. September bis zum 7. November 1982 die erste Gedächtnisausstellung seit 1945. Der Katalog führt insgesamt 93 Arbeiten auf, darunter das 1908 von Rösler gemalte Doppelbildnis des Ehepaares Eduard W. und Erna Tieffenbach (Kat. Nr. 13), das sich im Besitz von Louise Rösler, der 1907 geborenen Tochter des Künstlers, in Berlin befindet. E. W. Tieffenbach brachte 1911 sechs Lithographien zum Neuen Testament von Beckmann in Japanabzügen heraus (Gallwitz 5 bis 10). »Es ist Ihnen sicher nicht bekannt, daß Reinhard Piper in den 20er Jahren meiner Mutter vorschlug, ein

Buch über W. Rösler zu machen. Meine Mutter, falsch beraten, lehnte ab. Sie bezeichnet das selbst später als den größten Fehler ihres Lebens« (Mitteilung von Louise Rösler an den Herausgeber).

[5] Hans Kaiser bezeichnet die 1908/09 in Hermsdorf gemalte »Auferstehung« (Göpel 104) in seiner 1913 bei Paul Cassirer erschienenen Beckmann-Monographie als »das erste Hauptwerk, in dem der Maler ganz sich selbst gefunden hat und vollkommen über seine Mittel gebietet«. Das monumentale, durch einen 1907 gemalten Entwurf (Göpel 86) vorbereitete Szenarium, seit 1971 im Besitz der Staatsgalerie Stuttgart, wurde 1909 in der Berliner Secession zum ersten Male gezeigt. Robert Schmidt verurteilte das Bild in »Die Kunst« als »eine geschmacklose Rubensimitation«. Zwischen 1916 und 1918 arbeitete Beckmann in Frankfurt an einer Fragment gebliebenen »Auferstehung« (Göpel 190), die 1964 von der Stuttgarter Staatsgalerie erworben wurde. In seinem Essay »Verlust des Himmels« hat Peter Beckmann eine aufschlußreiche Interpretation dieser malerischen Originale geliefert (»Speculum Artis«, Nr. 2/1962). Von den achtundzwanzig Gemälden, die Max Beckmann im August 1912 im Rahmen einer Kollektivausstellung in Weimar zeigte, hatte die »Auferstehung« mit 13500 Mark den höchsten Verkaufspreis (zitiert nach »Max Beckmann in Weimar« von Walther Scheidig in »Kunstmuseen der Deutschen Demokratischen Republik«, Band III/1961, Verlag E. A. Seemann, Leipzig).

[6] Beckmann stellte die »Sintflut« (Göpel 97) in der 18. Ausstellung der Berliner Secession (1909) erstmalig aus (Reproduktion im Katalog). Julius Elias reagierte in »Kunst und Künstler« betont kritisch: »Höhere Ziele sozusagen setzt sich Max Beckmann: eine Sintflut, das Erdbeben von Messina und Anderes. Eine blutrünstige Phantasie, die

mit ganz unzureichenden Kunstmitteln in den größten Schrecklichkeiten der Welt wühlt. Ein Theater, mit schmutzig-trüber Malerei geschildert, und in der Zeichnung eine krampfhafte Anstrengung, die dimensional weit hinaus will, doch keine Linie organisch wachsen läßt. In den Gestaltungen vielfach Karikatur; nicht jener groteske Ausdruck, den in gewaltigen Greueln das Leben selbst produziert, sondern die bedenkliche Verstiegenheit, die aus der Unkraft des Einbildungsvermögens entsteht.«

[7] Peter Beckmann, der Sohn des Malers, ist am 31. August 1908 in Hermsdorf bei Berlin geboren. Nach dem Schulbesuch in Darmstadt, Dessau, Berlin und Graz lebte er von 1930 bis 1940 in Berlin, wo er 1935 zum Dr. med. promovierte. Seit 1943 war er in Bayern als Leiter kurmedizinischer Anstalten tätig; er ist heute in Murnau ansässig. Neben zahlreichen Fachveröffentlichungen hat er Beiträge zum Werk von Max Beckmann publiziert. Peter Beckmann gehört seit 1953 dem Vorstand der Max Beckmann-Gesellschaft an. In der von ihm verwalteten Sammlung in Murnau befinden sich wesentliche Frühwerke des Malers.

[8] Negative Reaktion auf die von Meier-Graefe aktivierte Umwertung, die in der »Entwicklungsgeschichte« (1904), in »Der Fall Böcklin und die Lehre von den Einheiten« (1905) sowie im dreibändigen Marées-Werk (1909/10) ihre theoretische Rechtfertigung erfahren hat. Die von Ende Februar bis Anfang April 1909 im Gebäude der Berliner Secession vorgeführte Marées-Gedächtnisausstellung bleibt im Tagebuch unerwähnt.

[9] Auf der Jahresausstellung der Berliner Secession (1908) war Rösler mit vier Originalen vertreten (Reproduktion im Katalog). Die im Dezember 1908 eröffnete Übersicht

»Zeichnende Künste« enthielt von Rösler sechs Zeichnungen und Pastelle.

[10] »Cassirer hatte es mit der Geschicklichkeit eines großen Impresario und dem Talent eines von seiner guten Ware überzeugten Propagandisten verstanden, viele reiche Juden und Christen Berlins für die Werke der Impressionisten zu begeistern. Dergestalt, daß sie seine treuesten Kunden wurden und für Gemälde von Manet und Renoir Preise zahlten, die in Paris nicht erzielt werden konnten. Dabei war sein Risiko gering. Denn der große Kunsthändler in Paris, Durand-Ruel, lieferte ihm diese Werke der französischen Impressionisten in Kommission. Ich weiß nicht, ob man Cassirer mit Recht oder Unrecht als einen Pionier der französischen Impressionisten bezeichnet hat. Ohne Zweifel war er von dem hohen malerischen Wert der Werke, die er einführte und propagierte, überzeugt. Wenn auch das Hauptmotiv für seine fieberhaft rege Tätigkeit das Geschäft, das Streben nach Gewinn und Erfolg war. Daraus machte er auch gar kein Hehl« (Wilhelm Herzog in seiner 1959 bei Francke in Bern erschienenen Autobiographie »Menschen, denen ich begegnete«). Der Kunstsalon von Paul Cassirer (21. Februar 1871 – 7. Januar 1926) war in Berlin W 10, Viktoriastraße 35.

[11] Die wechselvolle, an Gegensätzen und Spannungen reiche Geschichte der Sezessionsbewegung in Berlin ist seit der ersten Edition des 1908/09 verfaßten Tagebuchs von Max Beckmann (1966) zum Gegenstand mehrerer, dokumentarisch aufschlußreicher Darstellungen in Buchform geworden. 1972 legte Rudolf Pfefferkorn die Chronik »Die Berliner Secession – Eine Epoche deutscher Kunstgeschichte« vor. Ihr ließ Werner Doede 1977 den mit einem splendiden Bildteil ausgestatteten Band »Die Berliner Secession – Berlin als Zentrum der deutschen Kunst von der

Jahrhundertwende bis zum Ersten Weltkrieg« folgen. Unter dem Titel »The Berlin Secession. Modernism and its enemies in Imperial Germany« legte Peter Paret, ein Enkel von Paul Cassirer, im Jahre 1980 bei der Harvard University Press in Cambridge/Massachusetts eine quellenkundlich substantielle Untersuchung vor, die 1981 in deutscher Übersetzung mit dem Titel »Die Berliner Secession – Moderne Kunst und ihre Feinde im Kaiserlichen Deutschland« erschien. Der Neue Berliner Kunstverein veranstaltete 1981 in den Räumen der Staatlichen Kunsthalle Berlin die Übersicht »Berliner Sezession«. Der mit einem historischen Überblick von Peter Paret eingeleitete Katalog führt zwischen Baluschek und Zille insgesamt 410 Werke auf.

»In der Berliner Sezession schloß sich an Noldes Ausscheiden eine steigende Unzufriedenheit der Jungen, sie fühlten sich von der Jury nicht richtig behandelt. Nicht lange dauerte es, und Liebermann war regierungsmüde; er gab die Präsidentschaft ab und Corinth trat an seine Stelle, nachdem Slevogt abgelehnt hatte. Damit wurde nichts gebessert; die alte Festigkeit, der alte Glanz war schon im Schwinden. Die Institution hatte geleistet, was sie konnte und sollte, sie löste sich auch von innen heraus auf. Zwei Jahre später sollte der Kunsthändler Paul Cassirer, der geschäftsführende Direktor, zum Präsidenten gewählt werden, weil Corinth als Leiter eines Verbandes ungeeignet war. Der Entschluß wurde in einer stürmischen Sitzung gefaßt, war jedoch, wie sich schnell herausstellte, ein arger Mißgriff. Die Verdienste dieses Mannes um die Sezession waren groß, doch war er Kunsthändler, und es war unnatürlich und töricht, daß Künstler nur den Gedanken fassen konnten, einen Nichtkünstler zu ihrem ideellen Vertreter zu machen. Das Berufsgefühl war verletzt. Und so konnte es nicht ausbleiben, daß ein Streit ausbrach, in dessen Verlauf die alte Garde geschlossen den von ihr selbst geschaf-

fenen Verband verließ und daß eine verhältnismäßig kleine Opposition im Besitz des Namens ›Berliner Sezession‹ zurückblieb. Es ergab sich die groteske Lage, daß die Zurückbleibenden formalrechtlich die Sezession repräsentierten, daß sie, als die minder Begabten, deren Ideen jedoch nicht zu vertreten vermochten, daß die Ausscheidenden dagegen sich Mitglieder der Berliner Sezession nicht länger nennen durften, wohl aber Träger ihres Geistes waren. Diese taten sich in einer ›Freien Sezession‹ neu zusammen« (Karl Scheffler in seiner 1946 bei List, Leipzig-München, erschienenen Autobiographie »Die fetten und die mageren Jahre«). »Mögen die Sezessionen auch untergehen, sie werden in andrer Form und unter andrem Namen wieder auferstehen, weil jede zur Herrschaft gelangte Form der Kunst von der folgenden verdrängt wird und verdrängt werden muß. Die wir heute als die Modernen gelten, werden vielleicht morgen schon von noch Moderneren zum alten Eisen geworfen. Wir sind alle Kinder unserer Zeit, und es ist ganz natürlich, wenn die Jungen den Platz der Alten einnehmen wollen« (Max Liebermann in »Zehn Jahre Sezession«, 1909).
»Beckmann hatte zu meiner Zeit in Berlin (bis 1906) mit seinen riesengroßen Bildern einen starken Erfolg. Aber der Haupt-Agitator und damals Sekretär in der Berliner Secession, Paul Cassirer, interessierte sich nur für Liebermann, Slevogt, eventuell für Corinth und die französischen Impressionisten, und machte mit ihnen Geschäfte, aber für die jüngere Künstler-Generation in Berlin hatte er garkein Interesse. Beckmann, den ich von damals als sehr lebendigen, gutaussehenden und ehrgeizigen Künstler in Erinnerung habe, mag darunter wohl gelitten haben, sodaß er sich mit andern Künstlern wie Rösler und Schocken in beratende Verbindung setzte und mit ihnen eine neue Secession gründen wollte... Ich weiß nur, daß diese Gärung weitere Teile der unzufriedenen Künstler ergriff und 1914 zum of-

fiziellen Bruch führte... Damals hatte Paul Cassirer die Präsidentschaft der Berliner Secession übernommen und einen Teil der Mitglieder dadurch noch mehr in Erbitterung versetzt. Was aber taten ... Cassirer, Liebermann, Slevogt, Gaul, Kolbe usw.? Sie traten aus der Berliner Secession aus, um die Rebellen totzumachen. Denn das Haus der Secession, Kurfürstendamm 208/09 gehörte Liebermann und Cassirer und Andern und konnte daher von den rebellierenden Künstlern nicht benutzt werden. Aber den Namen ›Berliner Secession‹ behielten die darin Verbliebenen, die nun Geld sammelten und am Kurfürstendamm 239 eine neue ›Berliner Secession‹ in eigenen Räumen aufbauten. Ich hatte damals die Hauptarbeit dabei getan. Bei uns verblieb Lovis Corinth, der der neue Präsident wurde, während ich die weitere Gestaltung und Regie übernommen hatte und bis 1933 weiterführte; durch Hitler nahm dann die ›Berliner Secession‹ ein Ende. Die Liebermann-Cassirer-Gruppe gründete 1916 in den ihnen gehörenden alten Räumen die ›Freie Secession‹, die nur wenige Jahre existierte. Aus dem alten Secessions-Haus Nr. 208/09 ist dann ein Café geworden« (Mitteilung von Eugene Spiro an den Herausgeber).

[12] »Landschaft im Mai« (Katalog-Nr. 208). Das Bild wurde vom Kunstverein zur Verlosung erworben und ist im Secessions-Katalog reproduziert.

[13] Es handelt sich um Mario Spiro, »der in Berlin lebte, und nach dem ersten Weltkrieg Dramaturg, besser rechte Hand des bekannten Film-Regisseurs Erich Pommer von der Ufa wurde. Pommer, ein genialer Film-Mann ... gebrauchte Mario Spiro sozusagen als Konversations-Lexikon; durch Mario Spiro ersetzte Pommer sein mangelndes Wissen über historische Fragen, die manchmal für den Film beantwortet werden mußten. Dieser Spiro war mit

einer Christin, der Tochter eines deutschen Industriellen verheiratet, mußte in der Hitler-Zeit aber die christliche Frau aufgeben und ging nach Paris, wo ich ihn – ohne mit ihm verwandt zu sein – öfter sah und sprach« (Mitteilung von Eugene Spiro an den Herausgeber). Beckmann hat 1906 ein Porträt von Mario Spiro gemalt (Göpel 60).

14 Gustav Landauer (7. April 1870 – 2. Mai 1919) und Frau Hedwig, geborene Lachmann (21. August 1865 – 21. Februar 1918), lebten 1908/09 in Hermsdorf, Kaiserstraße 26. In ihrem Besitz befand sich eine 1907 am Vitzkestrand gemalte Landschaft von Beckmann (»See bei Abend«, Göpel 79).

15 Klein war als Essayist und Kunstkritiker in Berlin tätig. Er veröffentlichte Arbeiten über Böcklin und Beardsley, Liebermann und Corinth und setzte sich wiederholt mit den künstlerischen Bestrebungen der Berliner Secession auseinander.

16 »Er hat in den fünf Jahren vor dem Ausbruch des Kriegs ihn vorhergesagt und ihn zugleich bekämpft, nicht als Angehöriger einer politischen Gruppe, sondern als Einzelner und Einsamer... Er hat die Revolution vorhergesagt und an ihr, wiewohl der Menschheitsrevolution leidenschaftlich zugetan, als Einzelner und Einsamer eine unerbittlich klarsichtige vorwegnehmende Kritik geübt, von der er auch, als es geschah und er, im Bewußtsein, ein gebotenes Opfer zu bringen, sich der Erhebung anschloß, nicht abgewichen ist. Aber vor diesem letzten Jahrzehnt ist er der gleiche. Keiner hat in dieser Epoche so glühend und mächtig wie er den Sozialismus gepredigt, und keiner hat so große Waffen gegen die fast allgemein mit dem Sozialismus identifizierte Parteiprogrammatik und Parteitaktik geführt... Er verstand den Sozialismus als etwas, womit man

da wo man eben eingesetzt sei, und nur da, beginnen können und solle; und sein eignes Dasein war ihm eine Stätte der Verwirklichung« (Martin Buber im Vorwort der 1929 in Frankfurt am Main erschienenen, zweibändigen Publikation »Gustav Landauer – Sein Lebensgang in Briefen«).

[17] »Die Revolution« von Landauer erschien 1907 in Frankfurt am Main als Band 13 der von Martin Buber herausgegebenen Schriftenreihe »Die Gesellschaft«.

[18] Dora Hitz (30. März 1856 – 20. November 1924) lebte seit 1892 in Berlin; sie war Mitbegründerin der Secession. »Ihr Name gehört zu den wenigen Frauennamen, die im Zeitalter des Impressionismus einen gewissen europäischen Ruf haben gewinnen können. Man kann den Namen Dora Hitz neben dem von Berthe Morisot nennen... Die Eigenart der Persönlichkeit, die Reinheit des Talents, der menschliche Charakter und der Zeitpunkt des Wirkens: alles dieses hat Dora Hitz befähigt, innerhalb der neuen deutschen Malerei eine Art von Mission zu erfüllen und einen Platz in der Kunstgeschichte dieser Jahrzehnte einzunehmen« (Karl Scheffler in »Kunst und Künstler«, 1916).

[19] In der Kontroverse mit Franz Marc argumentierte Beckmann: »Etwas gibt es, was sich bei jeder guten Kunst wiederholt. Das ist die künstlerische Sinnlichkeit, verbunden mit der künstlerischen Gegenständlichkeit und Sachlichkeit der darzustellenden Dinge. Wenn man diese aufgibt, gerät man unweigerlich auf den Boden des Kunstgewerbes« (in »Pan«, Nr. 17/1912).

[20] Am 28. Dezember 1908 wurde Messina von einer Erdbebenkatastrophe heimgesucht, die 84000 Todesopfer forderte (Einwohnerzahl: 120000). Der von Beckmann zitier-

te Bericht stammt von dem italienischen Arzt Dr. Rossi und erschien in Nr. 664 des »Berliner Lokal-Anzeiger« vom 31.12.1908 (2. Ausgabe, Abendblatt). Die entscheidende Passage hat folgenden Wortlaut: »Plötzlich neues Schreien und tierisches Brüllen – ein Haufen zerlumpter, halbnackter, toll gewordener Menschen brach in die Ruinen des Zollgebäudes ein. In ihren Augen las man die Absicht des Verbrechens, des Raubens und Mordens. Die übriggebliebenen Zollwächter können der Masse keinen Widerstand leisten.« Über die in Messina vernichteten Monumente und Kunstwerke sucht ein Bericht von Hermann Voss zu orientieren (in »Der Cicerone«, 1909). »Szene aus dem Untergang von Messina« (Göpel 106) befindet sich seit 1956 in der Sammlung Morton D. May in St. Louis. »Die etwa dreimonatige Arbeit an dem Bild ist ausführlich, wie bei keinem anderen Werk, in Beckmanns Berliner Tagebuch dokumentiert« (Anmerkung im Katalog der 1982/83 in Bielefeld und Frankfurt gezeigten Übersicht »Max Beckmann – Die frühen Bilder«, Nr. 46, Seite 45).

[21] »Als die Szene aus dem ›Untergang von Messina‹ zusammen mit der ›Sintflut‹ und der ›Auferstehung‹ im Frühjahr 1909 in der Sezession ausgestellt wurde, nannte man den Maler Journalist und Illustrator. Das Gleiche hatte man vor 50 Jahren in Paris geschrieben, als Delacroix sein ›Massacre de Scio‹ ausstellte. Der abgelagerte Unsinn war nicht besser geworden« (Hans Kaiser in »Künstler unserer Zeit – Max Beckmann«. Berlin, 1913). »Max Beckmann plant für die nächste Sezessionsausstellung ein Bild des Untergangs der ›Titanic‹. Beckmann, dessen Kunst nach solchen stark dramatischen Szenen verlangt, hat schon einmal eine sensationelle Katastrophe gemalt: 1909 hing auf der Sezessions-Ausstellung sein großes Bild, das eine Szene aus dem Erdbeben von Messina darstellte. Das ist die Kunst, die nach dramatischen Szenen verlangt und ba-

nale Stücke wiedergibt. Ein Bild der großen Schiffskatastrophe wird die ›*kleine*‹ Sensation der Ausstellung ›bilden‹. Ein Unglück kommt immerhin allein, aber es geht nicht vorüber ohne Hinterlassung jener Spuren, in denen die spekulativen Geister den Weg zu neuen Erfolgen suchen. Doch: die Kunst verlangt. Was hat sie zu verlangen? Zu geben hat sie. Verlangen dürfen wir von ihr, und der Künstler von uns. Aber er soll nicht Bilder für Ausstellungen *planen*. Er soll sie malen. Viel verlangt. Er plant sie, und der Herr Präsident, der nicht schläft, weckt rechtzeitig das Interesse. Der Künstler hat schon einmal eine sensationelle Katastrophe gemalt. Eine Szene aus dem Erdbeben von Messina. Die schwache Erinnerung wirft noch um. Das Erdbeben von Messina: *eine sensationelle* Katastrophe, der ›Untergang der Titanic‹, ein Bluff, der das sinkende Interesse an der Sezession wieder heben soll. Das Schiff hat ein Leck, aber man sollte dem Kapitän den Mund stopfen. Mehr noch. Man sollte ihn über Bord werfen. Der Wind dreht sich. Die Situation ist ernst, das Leben ist sensationell, und katastrophal ist die Kunst« (Joseph Adler in »Der Sturm«, Nr. 158/159, 1913).

[22] Beckmann ist auch später der Gewohnheit treu geblieben, im Tagebuch stichwortartig ein Jahres-Resümee zu ziehen. Am 31. Dezember 1943 meldete das Journal im holländischen Exil: »Viel Sorge und nerveux für 1944. Dunkel ist das Leben – ist der Tod. Schluß 1943.« Ein Jahr später: »Finish 1944 ein schweres Jahr. Wird 45 noch schwerer?« Tagebucheintragung vom 31. Dezember 1946: »Also 46 ist erledigt und es ist nicht abzuleugnen, daß die Kugel sich etwas von schwarz nach weiß gedreht hat. Thank you 46! Vielleicht werden Deine Folgen meinen ›Lebensabend‹ etwas erleichtern.«

[23] Julius Meier-Graefe (10. Juni 1867 – 5. Juni 1935) hielt sich vom Frühjahr bis zum Herbst 1908 in Spanien auf. Reisebegleiter waren seine Frau, der Maler Leo von König und Frau sowie Baron Mutzenbecher und Frau. Die erste Auflage der »Spanischen Reise« erschien 1910 bei S. Fischer in Berlin. Meier-Graefe lebte damals in Berlin W, Genthinerstraße 13; er siedelte wenig später nach Paris über.

[24] 1924 gehörte Meier-Graefe neben Curt Glaser, Wilhelm Fraenger und Wilhelm Hausenstein zu den Autoren der von Reinhard Piper veröffentlichten, repräsentativen Beckmann-Monographie. Seine »bedingte Zustimmung, die mehr Respekt für den Ernst seines Wollens als näheres Verhältnis ist« (Brief an den Verleger), weist eindeutig auf die Differenz der Lebens- und Kunstauffassungen. Unter dem Eindruck der »malerischen Periode« Beckmanns proklamierte Meier-Graefe enthusiasmiert: »Man braucht von dieser Menge von Bildern, der Ernte eines Jahres, nur ein einziges zu sehen, um das Unbegreifliche zu begreifen: Wir haben noch mal einen Meister unter uns! Gott mag wissen, wie wir dazu kommen, noch einmal wirft die dunkle Flut einen ans Land. Man kann es kaum Zufall nennen, denn es gibt eine Logik in dem Dusel. Er hat das Seine dazu getan, hat sich wie ein Boxer, wie ein stallreinigender Herkules durchgeschlagen. Da steht er jenseits des Berges, der siegreiche Boche. Ihr Brüderchen drüben, seht ihn euch an, wir haben keinen Bessern zu vergeben« (in »Berliner Tageblatt«, 1929). In einem am 2. Dezember 1927 in Frankfurt am Main geschriebenen Brief an Julius Meier-Graefe würdigte Beckmann den Empfänger als einen Menschen, »dessen Kampf und Arbeit ich achte« (zitiert nach Stargardt-Katalog 628 »Autographen aus allen Gebieten«, Marburg 1983, Nr. 658, Seite 207).
Meier-Graefe war vorübergehend im Besitz der »Loge«

(Göpel 287) von 1928 (später Sammlung Hugo Borst, Stuttgart, seit 1968 in der Staatsgalerie Stuttgart).

[25] Georg Kolbe: 15. April 1877 – 20. November 1947

[26] Beckmann hatte Augusta Gräfin vom Hagen (1872 bis 1949), die seine Malerei schätzte, im Vorjahr porträtiert (Göpel 94). Das genau datierte Bild (23.6.08/09) ist durch die eigenhändige Widmung »S. l. Gräfin Hagen von Beckmann« als freundschaftliche Dedikation ausgewiesen. In der monumentalen »Auferstehung« von 1908, die transzendentale und reale Bezüge koppelt, erscheint die Gräfin als Ganzfigur am rechten Bildrand. Bald nach Kriegsausbruch leistete Gräfin Hagen in einem Feldlazarett in Ostpreußen karitative Dienste. Beckmann versah dort seine ersten Hilfsleistungen als freiwilliger Krankenpfleger. »Der hiesige Chefarzt hat mich auf Fürsprache der Gräfin in liebenswürdigster Form angestellt... Die Überraschung der Gräfin, daß ich so schnell kam, kannst du dir denken« (Brief vom 14. September 1914 an Minna Beckmann-Tube). 1920 wurde das ohne Auftrag gemalte »Bildnis Augusta Gräfin vom Hagen« durch die Staatliche Gemäldegalerie in Dresden erworben; der Kaufpreis betrug laut Göpel 3000 Mark.

[27] »Bei Cassirer sind von Henri Matisse einige sehr feine Aktzeichnungen ausgestellt. Das übrige, Malerei wie Plastik: Wahnsinn. Man kommt sich vor wie im Tollhaus. In den Bildern ist eine strenge Reduktion auf einfachste Formen und Farben angestrebt – sie sollen dekorativ wirken. Unglückseliger Begriff! Es gibt scheinbar keinen Unterschied mehr zwischen den Forderungen, die ein dekoratives Tafelbild, das für ein Zimmer gemalt ist, und denen, die ein Plakat verlangt. Und selbst für Säulenreklame wären manche dieser Dinge zu aufdringlich, zu roh. Im ein-

zelnen findet man dabei raffinierte Feinheiten farbiger Zusammenstellungen und sichere Zeichnung; daß Matisse, ehe er sich in diese Manie verrannte, malen konnte, zeigen einige frühe Arbeiten. – Ist das wirklich noch Kunst? Es ist ein Zeichen für die Verwirrung unserer Zeit in künstlerischen Fragen, daß es wahrhaftig Leute gibt, die ob solcher Werke in Verzückung geraten« (Robert Schmidt in »Die Kunst«, Bd. 19/1909).

[28] Der diskreditierende Vergleich zwischen Bild und Plakat gehört zu den Standardparolen wider die moderne Malerei. Als Beckmann die »Szene aus dem Untergang von Messina« in der Berliner Secession zeigte, mußte er den Vorwurf quittieren, das Bild sei »würdig, zum Plakat für ein Kinematographentheater verarbeitet zu werden« (Robert Schmidt in »Die Kunst«, Bd. 19/1909). Beckmann selbst opponierte in seiner Marc-Kontroverse gegen die »eingerahmten Gauguintapeten, Matisse-Stoffe, Picassoschachbrettchen und sibirisch-bajuvarischen Marterlnplakate« (in »Pan«, Nr. 17/1912).

[29] Hans Baluschek: 9. Mai 1870 – 28. September 1935.

[30] Heinrich Nauen: 1. Juni 1880 – 26. November 1940. Nauen lebte und arbeitete zwischen 1906 und 1911 in Berlin.

[31] »Ich sehe in Leuten wie Beckmann das Gegenteil von Totengräbern. Sagen wir, Lebensgräber« (Meier-Graefe in der 1924 erschienenen Beckmann-Monographie).

[32] Martin Tube, der Schwager Beckmanns, ist 1878 geboren. Er fiel im Oktober 1914 als Hauptmann an der Ostfront. Beckmann widmete ihm eine Porträtlithographie, die in den von Paul Cassirer veröffentlichten Künstlerflug-

blättern (»Kriegszeit«, Nr. 11) erschien. Kurt Badt hat über das Verhältnis Beckmanns zum Krieg bemerkt: »Beckmann und Rösler waren zuerst von der Größe der Vorgänge beeindruckt – Beweis ihre Zeichnungen aus dem Felde –, bis sie begriffen, daß sie dem Grauen, dem schlechthin Verwerflichen, dem Massenmord begegnet waren.« An anderer Stelle: »Aber bei denen, die den Feldzug erlebten, brachte er in manchen Fällen eine große Erschütterung der Lebensauffassung hervor. Am meisten bei Beckmann, den Haß, Abscheu und Grauen vor der Menschheit bis an sein Lebensende nicht verlassen haben. Diese Auffassung im Gegensatz zu der Schönheit seiner künstlerischen Mittel hat seine Malerei bestimmt. Ihn hat der Krieg als Künstler geprägt« (in »Der Monat«, Nr. 191/1964). 1915 schilderte Beckmann in »Kunst und Künstler« in sieben Zeichnungen die Ereignisse und Reflexe der ersten Kriegswoche in Berlin nach Mitteilungen Berliner Tageszeitungen. 1916 erschienen bei Bruno Cassirer die von Minna Beckmann-Tube herausgegebenen, illustrierten »Briefe im Kriege« (Neuauflage 1955).

[33] »Szene aus der Friedrichstraße«: Göpel 123.

[34] Beckmann absolvierte zwischen 1900 und 1903 an der Großherzoglichen Kunstschule in Weimar seine Studien. Nach dem Besuch der Antikenklasse wurde er 1901 in die Naturklasse von Fritjof Smith versetzt. 1902 erhielt Beckmann das Belobigungsdiplom für Zeichnen, im folgenden Jahr die Medaille sowie das Belobigungsdiplom für Malerei (nach den im Landeshauptarchiv Weimar bewahrten Sitzungsprotokollen des Professorenkollegiums, auszugsweise mitgeteilt von Walther Scheidig in »Kunstmuseen der Deutschen Demokratischen Republik«, Band III/1961). In Weimar lernte Max Beckmann den Maler Ugi Battenberg (1879–1957) sowie seine spätere Braut Minna

Tube kennen, die mit Eve Sprick, der späteren Frau des Malers Hans Meid, mit Mili Plump, der späteren Frau des Bildhauers Wilhelm Gerstel, sowie mit Gertrud (»Tutti«) Jackstein zu den ersten, an der Großherzoglichen Kunstschule zum Studium zugelassenen Frauen gehörte. »Als ich Max Beckmann im Hof der Weimarer Kunstschule, wo wir meist unsere Frühstücksbrote verzehrten, kennenlernte, war er ein ansehnlicher blonder junger Mann mit tiefliegenden Augen und einem energischen Kinn. Er wirkte etwas schwer, war aber körperlich sehr gewandt; ich erinnere mich, daß, wenn wir abends im Dunkeln im Wald spazieren gingen, seine Stimme plötzlich aus einem hohen Baum kam, den er in der Finsternis erklettert hatte, und uns irgendeinen Gruß zurief. Beim Tanzen war er vehement, bumste an Tische und Stühle in seinem schönen Eifer, ähnlich, wenn man mit ihm Schlittschuh lief. Dabei war er doch oft sehr zartfühlend. Er war damals 18 Jahre alt, uns sagte er aber, er wäre 21, um sich mehr Ansehen zu geben. In der Klasse von Fritjof Smith galt er als Leuchte. Er hatte treue Freunde: den Ungarn Kuhnwald und Wilhelm Giese, der ihm ganz ergeben war. Kuhnwald war ein großer, dunkler, ernster, sehr musikalischer Maler, der das Atelier von Lucas Cranach bewohnte. Es kam die Hochzeit des Großherzogs. Man spielte die ›Einholung der Heiligen Elisabeth‹ im Park nachts bei Fackel- und Pechpfannenbeleuchtung. Max Beckmann gab sich als Wolfram von Eschenbach mit Lorbeerkranz in einem schwarzen Gewande mit goldenem Mäander. Giese und er hatten sich so viel Goldtinktur gekauft, daß sie nicht nur ihre Fingernägel, sondern auch die Atelierfensterscheiben damit dekorierten. Ich erinnere mich an folgendes Erlebnis: als ich eines Tages mit M. B. von einem Ausflug von Ettersberg nach Weimar zurückkehrte und wir bei Abendsonne in der Bahn saßen, stand er plötzlich auf und erklärte: ›Jetzt male ich noch zwei Jahre – dann bin ich der größte Maler. Dann dichte ich, dann mache ich Musik und dann erschieße ich mich«« (Mitteilung von Eve Meid an den Herausgeber). »Dachte viel an die Zeit von 1899–1903. Muß das mal genau entwirren. Nicht uninteressant die embryonalen Regungen zu beobachten« (Tagebucheintragung von Max Beckmann, datiert 18. November 1946).

35 Das im Katalog der Ausstellung »Zeichnende Künste« unter der Nr. 67 aufgeführte »Porträt meiner Frau«, von Beckmann eigenhändig »22. 4. 06« datiert sowie »Le Début« bezeichnet, ist in Bd. XXIV/1909 der Zeitschrift »Deutsche Kunst und Dekoration« auf S. 146 reproduziert. Das Referat der Ausstellung schrieb Hans Bethge. Die gleiche Zeichnung (von Wiese 15) ist auf S. 1 der Beckmann-Monographie von Hans Kaiser abgebildet (Berlin. Cassirer, 1913).

36 »Drei Frauen im Atelier«: Göpel 101.

37 »Kreuzigung Christi«: Göpel 119.

38 Beckmann empfand für Rembrandt und Steen eine lebenslange Bewunderung. Am 30. Januar 1947 meldete das Journal lakonisch: »Mauritshuis, Rembrandt – Jan Steen«.

39 Das Ausstellungsquartier der Berliner Secession befand sich im Gebäude Kurfürstendamm 208/09. »Heute weiß kaum ein Mensch, daß das ›Theater am Kurfürstendamm‹ für die Secession gebaut wurde. Es gab natürlich viele heftige Debatten, ehe die Mitglieder sich fanden. Der sonst ruhige Beckmann konnte da auch recht heftig werden. Aber er gehörte nicht zu dem Kreis, der immer um P. Cassirer war, wie z. B. die Hübners, Herr v. König, Karl Walser, Slevogt, Gaul und der etwas gefürchtete Lieber-

mann... Aber ich möchte nur noch hinzufügen, daß Beckmann als junges Talent sehr geschätzt wurde« (Mitteilung von Tilla Durieux an den Herausgeber).

[40] Karl Scheffler (27. Februar 1869 – 25. Oktober 1951) begegnete der Vorkriegsproduktion Beckmanns mit kritisch pointierter Zustimmung, die später strikter Reserve gewichen ist. Der 1913 in »Kunst und Künstler« publizierte, in den ersten beiden Auflagen von »Talente« (1917 und 1919) enthaltene Beckmann-Essay blieb in der dritten Auflage dieses Sammelbandes (1921) weg. Ähnlich wie Meier-Graefe hat auch Scheffler unter dem Eindruck der »malerischen Periode« Beckmanns sein Urteil graduell revidiert. »Unter den Lebenden bleibt Beckmann, das zeigte auch diese Ausstellung wieder, einer der in einem höheren Sinne ehrgeizigsten Maler. Was ihm im Wege steht, ist ein Zeitschicksal. Wie er damit ringt, das ist ebenfalls in seiner Art heroisch« (in »Kunst und Künstler«, 1932).

[41] In der Übersicht »Zeichnende Künste« zeigte Beckmann elf Blätter (Katalog-Nr. 61–71). Darunter befanden sich zeichnerische Entwürfe zu den Gemälden »Drama« und »Sintflut«.

[42] Beckmann hat seit seiner Jugend Tagebuch geführt. Im Vorwort des 1955 von Erhard Göpel herausgegebenen Journals, das Niederschriften des letzten Lebensjahrzehnts enthält, bemerkt Mathilde Quappi Beckmann, die zweite Frau des Malers: »Seit ich Max Beckmann kannte, schrieb er regelmäßig Tagebuch... Leider ist von diesen täglichen Notizen aus fünfundzwanzig Jahren nur noch ein Teil vorhanden. Alle Aufzeichnungen aus der Zeit von 1925 bis Mai 1940 in Form von Tagebüchern wurden vernichtet. Als die deutsche Invasion über Holland hereinbrach, verbrannte Max Beckmann sämtliche früheren Tagebücher.«

Die von Peter Beckmann bewahrten Tagebücher umspannen den Zeitraum von 1903 bis 1904 sowie von 1908 bis 1909. Sie sind mit den späten Reflexionen und Notizen Teil einer Konfession, der Beckmann mit schonungsloser Aufrichtigkeit gehuldigt hat. »In einer sehr unbestimmten Stimmung beginne ich das Buch«: mit diesem Satz leitete Beckmann am 14. August 1903 in Braunschweig das früheste Journal ein (am 4. Mai 1940 schrieb er in Amsterdam in das Tagebuch: »Dieses neue Heft beginne ich im Stadium der vollkommensten Unsicherheit über meine Existenz und den Zustand unseres Planeten«). In den Aufzeichnungen von 1903/04 finden sich Formulierungen, die wie Vorgriffe auf spätere Erfahrungen und Verhaltensweisen anmuten. Noch nicht zwanzigjährig setzte Beckmann sich mit Verlaine und Emerson, mit Pascal und Schopenhauer, mit Spinoza und Ossian, mit Kant und Goethe, mit Maupassant und Prévost, mit Jean Paul und Nietzsche, mit Rembrandt und Beethoven auseinander. Psychologisch sind Bekenntnisse wie »Mit einer heftigen Ruhe, vielleicht klingt es etwas paradox, übersehe ich schon jetzt mein ganzes Leben« oder »Ich glaube, daß ich alles erreichen werde was ich will, alles« ungemein aufschlußreich. Starke seelische Spannungen führten zu pessimistisch-exaltierten Formulierungen, in denen sich persönliche Konflikte spiegeln. Die Gewohnheit, das Tagebuch mit zeichnerischen Skizzen zu versehen, ist von Beckmann in Amsterdam und Amerika wieder aufgenommen worden. Teile des Journals von 1903/04 wurden von Peter Beckmann, dem Sohn des Malers, innerhalb des Sammelbandes »Max Beckmann – Sichtbares und Unsichtbares« veröffentlicht (Stuttgart, 1965).

[43] Eve Meid-Sprick (19. Januar 1880 – 19. September 1970) kam im April 1902 als Malschülerin von Hans Olde nach Weimar, wo sie Max Beckmann kennenlernte, der ihr

im gleichen Jahr ein (heute verschollenes) Porträt widmete (Göpel 10). Auf die Studienzeit in Weimar ließ Eve Sprick ein Mal-Semester bei Corinth in Berlin folgen. Anschließend arbeitete sie als Schülerin von Mackensen in Worpswede. 1905 ging sie zu Schmidt-Reutte nach Karlsruhe, wo sie auf einem Künstlerfest den Maler und Graphiker Hans Meid (1883–1957) kennenlernte. Auf ein Intermezzo in Meißen folgten die Heirat in Hamburg (1907) und die Übersiedlung nach Berlin (1908). »Ich war mit Frau Beckmann eng befreundet, und die Männer fanden, trotz sehr verschiedener Veranlagung, Gefallen aneinander. So entstand ein reger Verkehr, trotzdem Hermsdorf ganz im Norden und Südende, wo wir wohnten, im Süden von Berlin lag. Ich erinnere mich mancher Abende, wo unser Wohnzimmer widerhallte von heftigen Kunstdebatten, und die Luft grau war vom Tabaksdunst... Beckmanns waren sehr gastfrei. Die Besucher kamen meist nachmittags zum Tee und blieben zum Abendbrot, was für Frau Beckmann nicht einfach war, denn das Haus lag am äußersten Ende von Hermsdorf, und erst nach ein paar Jahren kam ein Feinkostgeschäft an die Straßenecke« (Mitteilung von Eve Meid an den Herausgeber). Die 1905 in Jütland gemalte Szenerie »Buhne mit Staffage gegen die Sonne« (Göpel 42) war im Besitz von Hans und Eve Meid; das Original ist während des letzten Krieges in Berlin verbrannt.

[44] In der »Berliner Illustrirten Zeitung« vom 10. und 17. Januar 1909 waren insgesamt zehn Fotografien über das Erdbeben von Messina veröffentlicht; in den Tageszeitungen erschienen lediglich Zeichnungen nach diesen Fotos.

[45] »Während man den Meister mit ehrlichem Respekt feierte, ging durch die Reihen der Sezessionisten doch ein vernehmliches Raunen, das Brahmsdenkmal sei schlecht. In peinlicher Verlegenheit starrten die Gastgeber die

mächtige Marmormasse an... Es zeigte sich wieder, daß man sich aufrichtige Verehrung für Klinger nie wird aus dem Herzen reißen können, daß man jedoch über die Einwände eines nicht zu unterdrückenden kritischen Nein ebensowenig hinwegkommt« (Karl Scheffler in »Kunst und Künstler«, 1909).

[46] Beckmann hatte die Komposition »Junge Männer am Meer« (Göpel 18) in einer Anzahl kleiner figürlicher Skizzen vorbereitet, die in einem bisher noch unveröffentlichten Tagebuch aus dem Jahre 1904 enthalten sind. Das großformatige Bild ist 1905 in Berlin entstanden. Beckmann reichte es im folgenden Jahr zur 3. Jahresausstellung des Deutschen Künstlerbundes in Weimar ein. Er erhielt dafür den Villa Romana-Preis, ein Stipendium für die von Max Klinger begründete deutsche Künstlerstiftung in Florenz. »Max Beckmann lieferte ein Bild. Warum nahm man es auf? Die Farben dieser Tafel ›Junge Männer am Meer‹ sind nicht bestechend, gegen die Zeichnung dieser Akte wird vielerlei eingewendet. Dazu hat der Künstler weder eine Familie, noch eine Schule, noch einen berühmten Meister, die ihn empfehlen konnten. Die Herren der Jury konnten von diesem Maler in nichts gefördert werden. Also warum nahmen sie ihn auf? Nun, er versteht es, den weiten Raum am Meeresstrand unter dem Himmel auszudehnen, er weiß diesen Männern einen festen Stand am Boden und ein lebendiges Hinaufwachsen zu verleihen. Es mag noch etwas unbeholfene Rede sein, aber es klingt ein Ton daraus hervor, der beweist, daß Beckmann etwas mitzuteilen hat, freilich nicht für jedermann« (Prof. Eggeling in der Zeitung »Deutschland«, 1906, zitiert nach »Max Beckmann in Weimar« von Walther Scheidig in »Kunstmuseen der Deutschen Demokratischen Republik«, Band III/1961). Karl Koetschau, der neuberufene Direktor des Großherzoglichen Museums, erwarb die Komposition

»Junge Männer am Meer« für das Großherzogliche Museum für Kunst und Kunstgewerbe, das ebenso wie das Goethe-Nationalmuseum seiner Leitung unterstand. In der Beckmann-Monographie von Hans Kaiser ist das Gemälde als Frontispiz reproduziert. 1943 malte Beckmann in Amsterdam ein thematisch verwandtes Bild (»Junge Männer am Meer«, Göpel 629, City Art Museum, St. Louis).

[47] »Es gibt nicht viele Große, denen er nicht eine Anregung verdankte. Seine Bedeutung liegt gerade darin, daß er aus vielen halb verlorenen und vergessenen Bruchstücken ein großes und neues Werk durch seine Persönlichkeit geschaffen hat« (Hans Kaiser in »Künstler unserer Zeit – Max Beckmann«, Berlin, 1913).

[48] Das Verhältnis zum Raum ist eine zentrale Komponente von Beckmanns Malerei. In der am 21. Juli 1938 in der New Burlington Gallery in London gehaltenen Vorlesung »Meine Theorie der Malerei« proklamierte Beckmann: »Raum und wieder Raum ist die unendliche Gottheit, die uns umgibt und in der wir selbst enthalten sind.« Hymnisch-kategorisch feierte Beckmann in der zehn Jahre später in New York und Boston gebotenen Vorlesung »Drei Briefe an eine Malerin« den Raum als »unheimliche und nicht auszudenkende Erfindung der Allgewalt«, als »Palast der Götter«.

[49] »Beckmann ist ohne Berlin nicht gut denkbar«, notierte Kaiser 1913, während Meier-Graefe 1924 lakonisch vermerkte: »Beckmann ist das neue Berlin.« Über die inhaltliche Disposition der »Auferstehung« von 1908/09 erklärte Kaiser, dem sich vor der »Amazonenschlacht« von 1911 (Göpel 146) der Vergleich mit »Berlinischen Amazonen« aufdrängte: »Das Seelische in der Mitte der Berlin W-Menschen. Die Phantastik der zum Geistigen, Grenzenlosen

emporschwebenden Menschen ist ebenso realistisch, wie die Realistik der mondänen Gesellschaft phantastisch ist« (in »Künstler unserer Zeit – Max Beckmann«. Berlin, 1913).

[50] In seiner Beckmann-Monographie gibt Kaiser im Hinblick auf die »Szene aus dem Untergang von Messina« folgendes zu verstehen: »Der Ursprung dieser grandiosen Geste führt bei Beckmann wiederum nach der Reichsmetropole, die geistig in die Tragödie eingebettet ist. Die monumentale Haltung und die Einzelschicksale der Gestalten, die zerstörte Stadt und die räumliche Stimmung vertiefen sich durch das Medium der Farbe zu einem realistischen Symbol Berlins, zur Auffassung des menschlichen Lebens, das rings von Gefahren und Sensationen bedroht ist.« Die im Tagebuch von Beckmann geschilderte Szene hat in thematisch-kompositioneller Beziehung unzweifelhaft die Messina-Vision beeinflußt. Gegenständlich-deskriptive Details, vor allem im figürlichen Bereich, sind dafür ein sicheres Indiz.

[51] In seinem Erinnerungsbuch »Jahre der Kämpfe« (Berlin, 1934) hat Nolde (7. August 1867 – 13. April 1956) die Akteure und Ereignisse im Umkreis der Berliner Secession aus seiner Sicht geschildert.

[52] Johannes Guthmann (1876–1956) hatte »Eurydikes Wiederkehr«, ein Epos in drei Gesängen, in Schreiberhau und in Klobenstein/Südtirol verfaßt. Die mit neun Originallithographien von Max Beckmann illustrierte Ausgabe erschien 1909 als Publikation der Pan-Presse in sechzig Exemplaren im Verlag Paul Cassirer, Berlin (Gallwitz 3). Curt Glaser bezeichnete die frühen Steindrucke Beckmanns als »Raumphantasien in malerischem Schwarz-Weiß, verschwebende atmosphärische Stimmungen, die

ein Thema eher musikalisch begleiten als anschaulich variieren. Die Lithographien sind ein Versuch des Landschafters, der in der Umwelt die Orientierung sucht, ehe er den Blick auf den Menschen einstellt, das Vorspiel des Malers, der die Erscheinungen des Lichtes erprobt, ehe er der Form vertraut« (in »Max Beckmann«, München 1924). »Wie ein Verliebter, der einen Korb bekommen hat, reise ich ab, aber meine ›Eurydike‹ war vollendet. Ich brachte sie Paul Cassirer, der in jenen Jahren mit seiner hinreißenden Überredungskraft dem französischen Impressionismus in Deutschland eine andere Heimat geschaffen hatte. Er war ein Charmeur mit allen funkelnden Reizen des jüdischen Geistes, aber auch mit dem lästerlichsten – jawohl: Maul, das es jemals in Berlin gab. Neben seinem Kunsthandel begann er eben jetzt sich als Verleger zu rühren. Er blätterte in meinen Versen, las sie am selben Tag noch Wort für Wort, nahm sie in seinen Verlag, zog ihnen ein schlichtes, aber gediegenes Gewand an, brachte sogar eine Luxusausgabe mit Lithographien von Max Beckmann heraus – und wartete auf den Erfolg. ›Sie sind meine größte Enttäuschung‹, sagte er nach einiger Zeit. ›Sie haben in Ihrer ›Eurydike‹ etwas Schönes, nichts anderes als etwas schlechthin Schönes geben wollen, das heißt etwas so gänzlich dieser Zeit nicht Gemäßes, daß ich mir ein Bombengeschäft davon versprach. Ich bin enttäuscht.‹ Der kluge Mann hatte wohl recht – ich sollte das noch oft genug hören –, und ›Eurydikes Wiederkehr‹ wartet noch heute ihres Tages. Ich habe sie unter meinen literarischen Versuchen immer besonders geliebt« (Johannes Guthmann in seiner 1955 in Tübingen erschienenen Autobiographie »Goldene Frucht – Begegnungen mit Menschen, Gärten und Häusern«). Im Katalog der ersten Ausstellung der Freien Secession (Berlin, 1914) wird Guthmann als Mitglied verzeichnet. »Guthmann ist ein sehr reicher Mann gewesen und hat in Neu Kladow eine große Besitzung gehabt, die später an

Einstein gegeben worden ist. Dort hat er oft Aufführungen von Reinhardt machen lassen und ließ auch sehr viel Slevogt dort malen. Slevogt hatte einen Pavillon dort ausgemalt, und diese Malereien hat er später an die National-Galerie geschenkt. Er war es auch, der Slevogt mit auf die Reise nach Ägypten genommen hatte und hat auch ein Buch über ihn geschrieben... Er besaß eine ganze Reihe Bilder von mir und hat sich hauptsächlich auf deutsche Malerei spezialisiert, besaß Leibl und Feuerbach« (Mitteilung von Hans Purrmann an den Herausgeber).

Tagebuchseite vom September 1903

Abbildungsverzeichnis

1 Max Beckmann: »Selbstbildnis«, unvollendet. Gemälde, 1908. The Robert Gore Rifkind Collection, Beverly Hills, California. Göpel 99
2 Max Beckmann: »Junge Männer am Meer«. Gemälde, 1905. Staatliche Kunstsammlungen Weimar. Göpel 18. Foto: Louis Held, Weimar
3 Max Beckmann: »Junge Männer am Meer«. Pastell, um 1904. Privatbesitz
4 Max Beckmann: »Doppelbildnis Max Beckmann und Minna Beckmann-Tube«. Gemälde, 1909. Staatliche Galerie Moritzburg, Halle. Göpel 109. Foto: Max Beckmann-Gesellschaft, München (Walter Danz)
5 Max Beckmann: »Bildnis Augusta Gräfin vom Hagen«. Gemälde, 1908. Staatliche Kunstsammlungen Dresden, Gemäldegalerie Neue Meister. Göpel 94. Foto: Deutsche Fotothek, Dresden
6 Max Beckmann: Entwurf zur »Auferstehung«. Gemälde, 1907. Privatbesitz. Göpel 86
7 Max Beckmann: »Auferstehung«. Gemälde, 1908/09. Staatsgalerie Stuttgart. Göpel 104. Foto: Blauel, München
8 Max Beckmann: »Sintflut«. Gemälde, 1908. Privatbesitz. Göpel 97. Foto: Helga Fietz, Schlederloh
9 Max Beckmann: Kompositionsentwurf zur »Sintflut«. Kohle, 1908. Privatbesitz. Stephan von Wiese 26
10 Max Beckmann: »Kreuzigung Christi«. Gemälde, 1909. Sammlung Georg Schäfer, Schweinfurt. Göpel 119. Foto: Helga Fietz, Schlederloh
11 Max Beckmann: Kompositionsentwurf zu »Drei Frauen im Atelier«. Kohle, 1908. C. G. Boerner, Düsseldorf. Stephan von Wiese 25
12 Max Beckmann: »Drei Frauen im Atelier«. Gemälde, 1908. Sammlung Morton D. May, St. Louis. Göpel 101
13 Reportagefoto aus dem zerstörten Messina: Ausgrabung eines getöteten Ehepaares. Foto: Ullstein Bilderdienst, Berlin-Tempelhof

14 Zeitgenössische Darstellung der Katastrophe von Messina: Soldaten bei den Rettungsarbeiten. Foto: Ullstein Bilderdienst, Berlin-Tempelhof

15 Max Beckmann: »Szene aus dem Untergang von Messina«. Gemälde, 1909. Sammlung Morton D. May, St. Louis. Göpel 106

16 Max Beckmann: »Le Début« (Bildnis Minna Beckmann-Tube). Bleistift, 1906. Privatbesitz. Stephan von Wiese 15

17 Max Beckmann: »Orpheus verläßt seine Mutter, um in die Unterwelt zu gehen«. Blatt 3 der Illustrationsfolge zu »Eurydikes Wiederkehr« von Johannes Guthmann. Lithographie, 1909. Gallwitz 3

18 Max Beckmann in Berlin, 1908. Foto: Leopold Thieme

19 Das Ehepaar Beckmann vor dem Haus in Berlin-Hermsdorf, Herbst 1908. Foto: Leopold Thieme

20 Max Beckmann im Atelier in Berlin-Hermsdorf vor der »Auferstehung« von 1908/09. Foto: MAK Photoline, Bielefeld

21 Max Beckmann: »Bildnis des verwundeten Schwagers Martin Tube«. Lithographie, 1914. Staatliche Graphische Sammlung, München. Gallwitz 53 a (von c)

22 Das Ehepaar Rösler, Osterode 1906

23 Waldemar Rösler: »Selbstbildnis mit Oda«. Gemälde, um 1910. Privatbesitz

24 Rembrandt: »Der Raub der Proserpina«. Gemälde, um 1632. Staatliche Museen Preußischer Kulturbesitz, Gemäldegalerie Berlin-Dahlem. Foto: Walter Steinkopf, Berlin

25 Goya: »Stiergefecht in abgeteilter Arena«. Blatt 4 der Folge »Die Stiere von Bordeaux«. Lithographie, 1825. Harris 286

26 Gustave Courbet: »Das Jagdfrühstück (Le Repas de Chasse ou L'Hallali du Chevreuil)«. Gemälde, 1858. Museum Ludwig (Wallraf-Richartz-Museum), Köln. Foto: Rheinisches Bildarchiv, Köln

27 Hans Baluschek: »Sommerfest in der Laubenkolonie«. Gemälde, 1909. Märkisches Museum, Berlin

28 Waldemar Rösler: »Ehepaar Tieffenbach«. Gemälde, 1908. Privatbesitz

29 Kurt Tuch: »Stadtrand«. Gemälde, 1904. Privatbesitz

30 Max Beckmann: »Szene aus der Friedrichstraße«. Feder und Kreide, laviert, 1909. Privatbesitz. Stephan von Wiese 142 (dort »Abendliche Straßenszene« betitelt und 1913 datiert). Foto: Erich Bon, Stuttgart

31 Heinrich Nauen: »Selbstbildnis«. Gemälde, 1909. Kaiser Wilhelm Museum, Krefeld
32 Max Beckmanns Atelierhaus in Hermsdorf bei Berlin
33 Schloß und Schloßbrücke in Berlin, 1903. Foto: Landesbildstelle Berlin
34 Der Potsdamer Platz in Berlin, 1908. Foto: Ullstein Bilderdienst, Berlin-Tempelhof
35 Berlin um 1910: Unter den Linden – Ecke Friedrichstraße. Foto: Ullstein Bilderdienst, Berlin Tempelhof
36 Max Liebermann, 1909. Foto: Ullstein Bilderdienst, Berlin-Tempelhof
37 Max Liebermann: »Selbstbildnis«. Gemälde, 1909. Kunsthalle Hamburg
38 Lovis Corinth: »Porträt Julius Meier-Graefe«. Gemälde, 1917. Musée National d'Art Moderne, Paris. Berend-Corinth 688
39 Paul Cassirer, um 1910. Foto: Ullstein Bilderdienst, Berlin-Tempelhof
40 Rudolf Großmann: »Paul Cassirer«. Tuschpinsel, o. J. Unterhalb der Darstellung eigenhändig bezeichnet: »Ein Kunsthändler erklärt alle für größenwahnsinnig; er läßt seine neuesten Pariser Importen aufstellen u. zeigt, daß ohne seine epochemachenden Ausstellungen die Kritik verhungert wäre, daß er durch verschwenderische Unterstützung junger Talente, die dem Untergang nahe waren, deren Bilder gewißermaßen selbst gemalt habe«. Wilhelm Lehmbruck-Museum, Duisburg
41 Max Beckmann, Curt Herrmann, Georg Kolbe und Leo von König (v. r. n. l.). Berlin, 1910. Foto: Ullstein Bilderdienst, Berlin-Tempelhof

NAMENREGISTER

Es sind nur die Namen von Personen aufgeführt, die innerhalb des Tagebuchs für Max Beckmann in persönlicher oder faktischer Beziehung wesentlich erscheinen.

Bach, Carl Philipp Emanuel 22
Baluschekl, Hans 20, 58
Beckmann, Grethe (Schwester v. M. B.) 9, 10, 20, 31, 32
Beckmann, Peter 6, 8, 12, 13, 40; 46, 47, 63
Beckmann, Richard (Bruder von M. B.) 9, 31; 42
Beckmann-Tube, Minna, gen. Mink, 5, 6, 7, 8, 9, 11, 12, 13, 14, 15, 17, 21, 22, 23, 25, 27, 28, 29, 30, 31, 32, 33, 34, 38, 39; 40, 43, 44, 57, 59, 64
Beethoven, Ludwig van 6, 23, 31; 63
Berend-Corinth, Charlotte 27
Berneis, Benno 18, 20
Böcklin, Arnold 6, 27; 47, 52
Brahms, Johannes 24, 26, 31; 58
Brandenburg, Martin 36

Cassirer, Paul 7, 18, 28, 29, 30, 32, 40; 46, 48, 49, 50, 51, 57, 58, 59, 61, 67, 68
Corinth, Lovis 20, 36; 49, 50, 51, 52 64
Courbet, Gustave 34

Degas, Edgar 30
Delacroix, Eugène 17; 54
Dohnányi, Ernst von 30, 31

Färber, Lisbeth 25

Gauguin, Paul 10, 20, 30; 58
George, Stefan 6
Gogh, Vincent van 20, 30
Goya, Francisco de 33, 34
Grautoff, Otto 17
Greco 14, 17
Guthmann, Johannes 40; 67, 68

Hagen, Augusta Gräfin vom 17, 21, 26, 38, 39; 57
Haller, Hermann 39
Hals, Frans 33
Herrmann, Curt 28, 39
Hitz, Dora 8, 11, 13, 16, 22, 23, 24, 28, 30, 36, 53
Hodler, Ferdinand 10
Hofer, Karl 39
Hofmann, Ludwig von 23
Holitscher, Arthur 17, 18

Jackstein, Gertrud 6, 31, 37; 60
Jean, Paul 30; 56

Kellermann, Bernhard 17, 18
Klein, Rudolf 9, 32, 52
Klinger, Max 28, 33, 64, 65
Koch, Alexander 26
Kolbe, Georg 16, 27, 28, 29, 32, 40; 51, 57

Landauer, Gustav und Hedwig 9, 10,
   12, 13, 15, 16, 30, 32, 33, 52, 53
Liebermann, Max 28, 33, 36; 45, 49, 50, 51, 52, 61

Marées, Hans von 6, 7, 17, 33; 47
Matisse, Henri 18, 30; 57, 58
Meid, Eve 31, 37; 44, 60, 61, 63, 64
Meier-Graefe, Julius 14, 15, 16, 17, 21, 28; 47, 56, 58, 62, 66
Moll, Oskar und Margarethe 5
Monet, Claude 30
Mozart, Amadeus 30

Nauen, Heinrich 10, 13, 21, 28, 32, 39; 58
Nolde, Emil 39; 49, 67

Pottner, Emil 28

Rameau, Jean-Philippe 23
Rembrandt 6, 17, 27,33; 61, 63
Rhein, Fritz 27, 44
Rösloer, Waldemar und Oda 6, 7, 8, 10, 11, 13, 14, 15, 16, 21, 27, 28, 29, 32, 36, 38; 44, 45, 46, 47, 48, 50, 58
Rubens, Peter Paul 6, 17, 27; 42

Scheffler, Karl 29; 45, 50, 53, 62, 65
Schocken, Wilhelm und Frau 6, 7, 8, 10, 11, 13, 14, 16, 17, 18, 20, 21, 23, 27, 29, 30, 32, 33, 34, 36, 38, 39, 40; 50
Schulte, Eduard 23

Skrjabin, Alexander Nikolajewitsch 20
Slevogt, Max 20; 49, 50, 51, 61, 69
Spiro, Mario 9, 16, 26; 51, 52
Steen, Jan 27; 61
Stein, Arthur 10
Stifter, Adalbert 30

Tintoretto 17
Tube, Paul Friedrich Abraham (Schwiegervater von M. B.) 43
Tube, Ida Cocardia Minna, gen. Buschchen (Schwiegermutter von M. B.) 6, 10, 14, 17, 23, 27, 30, 31, 32, 38, 40
Tube, Martin 6, 10, 23; 58
Tuch, Kurt 10, 14, 15, 16, 28, 29; 36

Weiß, Emil Rudolf 39
Wolfthorn, Julie 32

Serie Piper

Franz Alt   Frieden ist möglich. SP 284
Jürg Amann   Franz Kafka. SP 260
Günter Ammon   Psychoanalyse und Psychosomatik. SP 70
Stefan Andres   Positano. SP 315
Stefan Andres   Wir sind Utopia. SP 95
Hannah Arendt   Macht und Gewalt. SP 1
Hannah Arendt   Rahel Varnhagen. SP 230
Hannah Arendt   Über die Revolution. SP 76
Hannah Arendt   Vita activa oder Vom tätigen Leben. SP 217
Hannah Arendt   Walter Benjamin – Bertolt Brecht. SP 12
Atomkraft – ein Weg der Vernunft?   Hrsg. v. Philipp Kreuzer/Peter Koslowski/Reinhard Löw. SP 238
Alfred J. Ayer   Die Hauptfragen der Philosophie. SP 133
Ingeborg Bachmann   Anrufung des Großen Bären. SP 307
Ingeborg Bachmann   Frankfurter Vorlesungen: Probleme zeitgenössischer Dichtung. SP 205
Ingeborg Bachmann   Die gestundete Zeit. SP 306
Ingeborg Bachmann   Die Hörspiele. SP 139
Ingeborg Bachmann   Das Honditschkreuz. SP 295
Ingeborg Bachmann   Die Wahrheit ist dem Menschen zumutbar. SP 218
Ernst Barlach   Drei Dramen. SP 163
Giorgio Bassani   Die Gärten der Finzi-Contini. SP 314
Wolf Graf von Baudissin   Nie wieder Sieg. Hrsg. von Cornelia Bührle/Claus von Rosen. SP 242
Max Beckmann   Leben in Berlin. SP 325
Hans Bender   Zukunftsvisionen, Kriegsprophezeiungen, Sterbeerlebnisse. SP 246
Bruno Bettelheim   Gespräche mit Müttern. SP 155
Bruno Bettelheim/Daniel Karlin   Liebe als Therapie. SP 257
Klaus von Beyme   Interessengruppen in der Demokratie. SP 202
Klaus von Beyme   Parteien in westlichen Demokratien. SP 245
Klaus von Beyme   Das politische System der Bundesrepublik Deutschland. SP 186
Norbert Blüm   Die Arbeit geht weiter. SP 327
Tadeusz Borowski   Bei uns in Auschwitz. SP 258
Alfred Brendel   Nachdenken über Musik. SP 265
Raymond Cartier   Der Zweite Weltkrieg. Band I SP 281, Band II SP 282, Band III SP 283

Serie Piper

Horst Cotta Der Mensch ist so jung wie seine Gelenke. SP 275
Dhammapadam – Der Wahrheitpfad. SP 317
Hilde Domin Von der Natur nicht vorgesehen. SP 90
Hilde Domin Wozu Lyrik heute. SP 65
Fjodor M. Dostojewski Der Idiot. SP 400
Hans Eggers Deutsche Sprache im 20. Jahrhundert. SP 61
Irenäus Eibl-Eibesfeldt Liebe und Haß. SP 113
Einführung in pädagogisches Sehen und Denken. SP 222
Jürg Federspiel Museum des Hasses. SP 220
Joachim C. Fest Das Gesicht des Dritten Reiches. SP 199
Iring Fetscher Herrschaft und Emanzipation. SP 146
Iring Fetscher Überlebensbedingungen der Menschheit. SP 204
Iring Fetscher Der Marxismus. SP 296
Asmus Finzen Die Tagesklinik. SP 158
Andreas Flitner Spielen – Lernen. SP 22
Fortschritt ohne Maß? Hrsg. Reinhard Löw/Peter Koslowski/Philipp Kreuzer. SP 235
Viktor E. Frankl Die Sinnfrage in der Psychotherapie. SP 214
Friedenserziehung in der Diskussion Hrsg. von Christoph Wulf. SP 64
Richard Friedenthal Diderot. SP 316
Richard Friedenthal Goethe. SP 248
Richard Friedenthal Leonardo. SP 299
Richard Friedenthal Luther. SP 259
Walther Gerlach/Martha List Johannes Kepler. SP 201
Albert Görres Kennt die Religion den Menschen? SP 318
Goethe – ein Denkmal wird lebendig. Hrsg. von Harald Eggebrecht. SP 247
Erving Goffman Wir alle spielen Theater. SP 312
Helmut Gollwitzer Was ist Religion? SP 197
Martin Greiffenhagen Das Dilemma des Konservatismus in Deutschland. SP 162
Norbert Greinacher Die Kirche der Armen. SP 196
Grundelemente der Weltpolitik Hrsg. von Gottfried-Karl Kindermann. SP 224
Albert Paris Gütersloh Sonne und Mond. SP 305
Olaf Gulbransson Es war einmal. SP 266
Olaf Gulbransson Und so weiter. SP 267
Wolfram Hanrieder Fragmente der Macht. SP 231
Bernhard Hassenstein Instinkt Lernen Spielen Einsicht. SP 193

Serie Piper

Bernhard und Helma Hassenstein   Was Kindern zusteht. SP 169
Elisabeth Heisenberg   Das politische Leben eines Unpolitischen. SP 279
Werner Heisenberg   Tradition in der Wissenschaft. SP 154
Jeanne Hersch   Karl Jaspers. SP 195
Werner Hilgemann   Atlas zur deutschen Zeitgeschichte. SP 328
Elfriede Höhn   Der schlechte Schüler. SP 206
Peter Hoffmann   Widerstand gegen Hitler. SP 190
Hospitalisierungsschäden in psychiatrischen Krankenhäusern.
    Hrsg. von Asmus Finzen. SP 82
Peter Huchel   Die Sternenreuse. SP 221
Aldous Huxley   Die Kunst des Sehens. SP 216
Aldous Huxley   Moksha. SP 287
Aldous Huxley   Narrenreigen. SP 310
Aldous Huxley   Die Pforten der Wahrnehmung – Himmel und Hölle. SP 6
Joachim Illies   Kulturbiologie des Menschen. SP 182
François Jacob   Das Spiel der Möglichkeiten. SP 249
Karl Jaspers   Die Atombombe und die Zukunft des Menschen. SP 237
Karl Jaspers   Augustin. SP 143
Karl Jaspers   Chiffren der Transzendenz. SP 7
Karl Jaspers   Einführung in die Philosophie. SP 13
Karl Jaspers   Kant. SP 124
Karl Jaspers   Kleine Schule des philosophischen Denkens. SP 54
Karl Jaspers   Die maßgebenden Menschen. SP 126
Karl Jaspers   Philosophische Autobiographie. SP 150
Karl Jaspers   Der philosophische Glaube. SP 69
Karl Jaspers   Plato. SP 147
Karl Jaspers   Die Schuldfrage – Für Völkermord gibt es keine Verjährung. SP 191
Karl Jaspers   Spinoza. SP 172
Karl Jaspers   Strindberg und van Gogh. SP 167
Karl Jaspers   Vom Ursprung und Ziel der Geschichte. SP 298
Karl Jaspers   Wahrheit und Bewährung. SP 268
Karl Jaspers/Rudolf Bultmann   Die Frage der Entmythologisierung. SP 207
Walter Jens   Fernsehen – Themen und Tabus. SP 51
Walter Jens   Momos am Bildschirm 1973–1983. SP 304
Walter Jens   Die Verschwörung – Der tödliche Schlag. SP 111
Walter Jens   Von deutscher Rede. SP 277

Serie Piper

Louise J. Kaplan   Die zweite Geburt. SP 324
Milko Kelemen   Klanglabyrinthe. SP 208
Leszek Kolakowski   Der Himmelsschlüssel. SP 232
Leszek Kolakowski   Der Mensch ohne Alternative. SP 140
Christian Graf von Krockow   Gewalt für den Frieden. SP 323
Christian Graf von Krockow   Mexiko. SP 85
Christian Graf von Krockow   Sport, Gesellschaft, Politik. SP 198
Hans Küng   Die Kirche. SP 161
Hans Küng   24 Thesen zur Gottesfrage. SP 171
Hans Küng   20 Thesen zum Christsein. SP 100
Hans Lenk   Wozu Philosophie? SP 83
Konrad Lorenz   Die acht Todsünden der zivilisierten Menschheit. SP 50
Konrad Lorenz   Das Wirkungsgefüge der Natur und das Schicksal des Menschen. SP 309
Konrad Lorenz/Franz Kreuzer   Leben ist Lernen. SP 223
Lust am Denken   Hrsg. von Klaus Piper. SP 250
Franz Marc   Briefe aus dem Feld. Neu hrsg. von Klaus Lankheit/Uwe Steffen. SP 233
Yehudi Menuhin   Ich bin fasziniert von allem Menschlichen. SP 263
Christa Meves   Verhaltensstörungen bei Kindern. SP 20
Alexander Mitscherlich   Auf dem Weg zur vaterlosen Gesellschaft. SP 45
Alexander und Margarete Mitscherlich   Eine deutsche Art zu lieben. SP 2
Alexander und Margarete Mitscherlich   Die Unfähigkeit zu trauern. SP 168
Margarete Mitscherlich   Das Ende der Vorbilder. SP 183
Christian Morgenstern   Werke in vier Bänden. Band I SP 271, Band II SP 272, Band III SP 273, Band IV SP 274
Ernst Nolte   Der Weltkonflikt in Deutschland. SP 222
Leonie Ossowski   Zur Bewährung ausgesetzt. SP 37
Pier Paolo Pasolini   Gramsci's Asche. SP 313
Pier Paolo Pasolini   Teorema oder Die nackten Füße. SP 200
Pier Paolo Pasolini   Vita Violenta. SP 240
P.E.N.-Schriftstellerlexikon   Hrsg. von Martin Gregor-Dellin/Elisabeth Endres. SP 243
Ludwig Rausch   Strahlenrisiko!? SP 194
Fritz Redl/David Wineman   Steuerung des aggressiven Verhaltens beim Kind. SP 129

Serie Piper

Rupert Riedl   Die Strategie der Genesis. SP 290
Ivan D. Rožanskij   Geschichte der antiken Wissenschaft. SP 292
Hans Schaefer   Plädoyer für eine neue Medizin. SP 225
Wolfgang Schmidbauer   Heilungschancen durch Psychotherapie. SP 127
Wolfgang Schmidbauer   Sensitivitätstraining und analytische Gruppendynamik. SP 56
Robert F. Schmidt/Albrecht Struppler   Der Schmerz. SP 241
Hannes Schwenger   Im Jahr des Großen Bruders. SP 326
Gerd Seitz   Erklär mir den Fußball. SP 5002
Sozialdemokraten im Kampf um die Freiheit   Hrsg. von Gert Gruner/Manfred Wilke. SP 226
Robert Spaemann   Rousseau – Bürger ohne Vaterland. SP 203
Die Stimme des Menschen   Hrsg. von Hans Walter Bähr. SP 234
Alan J. P. Taylor   Bismarck. SP 228
Hans Peter Thiel   Erklär mir die Erde. SP 5003
Hans Peter Thiel   Erklär mir die Tiere. SP 5005
Hans Peter Thiel/Ferdinand Anton   Erklär mir die Entdecker. SP 5001
Ludwig Thoma   Heilige Nacht. SP 262
Ludwig Thoma   Moral. SP 297
Ludwig Thoma   Der Wilderer. SP 321
Giuseppe Tomasi di Lampedusa   Der Leopard. SP 320
Karl Valentin   Die Friedenspfeife. SP 311
Cosima Wagner   Die Tagebücher. Bd. 1 SP 251, Bd. 2 SP 252, Bd. 3 SP 253, Bd. 4 SP 254
Richard Wagner   Mein Denken. Hrsg. von Martin Gregor-Dellin. SP 264
Paul Watzlawick   Wie wirklich ist die Wirklichkeit? SP 174
Der Weg ins Dritte Reich. SP 261
Johannes Wickert   Isaac Newton. SP 215
Wolfgang Wickler   Die Biologie der Zehn Gebote. SP 236
Wolfgang Wickler/Uta Seibt   männlich weiblich. SP 285
Wolfgang Wieser   Konrad Lorenz und seine Kritiker. SP 134
Wilhelm Worringer   Abstraktion und Einfühlung. SP 122
Heinz Zahrnt   Aufklärung durch Religion. SP 210
Dieter E. Zimmer   Der Mythos der Gleichheit. SP 212
Dieter E. Zimmer   Die Vernunft der Gefühle. SP 227